L'art de nourrir

BRUNO VERJUS

L'art de nourrir

Flammarion

ISBN : 978-2-0802-5084-1

Pour mes enfants, Victoria et Stanislas, nourris d'amour et de fraîcheur. Pour Ingrid Astier, dont l'ombre est comme celle du figuier.

Table

L'Art De Nourrir. Mon ADN. Ma vision, ma vie. Car cuisiner, c'est ne jamais quitter des yeux le vivant. C'est le respecter à chaque étape, à tout instant, dans le choix des produits, l'art des découpes et le respect des équilibres. La cuisson vient les honorer pour célébrer cet art dans chaque bouchée.

Ne jamais perdre de vue l'identité des produits. Ne jamais la trahir. Car telle est ma devise : aimer et servir. Transmettre, aussi. Pour ne pas confisquer le plaisir.

L'esprit de cuisine

Seul un son sépare nourrir de mourir.

Entre les deux, tout l'écart de la vie.

L'éventail du plaisir et du désir, qu'ouvre, à l'infini, notre envie d'explorer les saveurs. Nourrir. Mon terrain de jeu. Ce que je sais porter en moi et qui me donne, chaque matin, le désir d'enlacer la journée et de donner le meilleur de moi-même. Le pivot ? La générosité. « On ne voit bien qu'avec le cœur », dit le renard au Petit Prince de Saint-Exupéry. Cette pensée a le mérite de montrer combien la vérité est une beauté simple. Après des années à cuisiner, j'ai aussi compris qu'on ne donne bien qu'avec le cœur.

Alors je vais tout vous dire. Tout ce que je sais. Tout ce que j'ai appris et senti. Pour que cuisiner soit pour vous aussi simple que respirer.

Et pour partager. Car le trait d'union est ce qui relie. Vous. Moi.

La vie.

Je suis un amateur devenu professionnel. Un homme qui a grandi à la force du palais. Manger, goûter, découvrir a toujours été ma raison d'être. Une façon d'habiter le monde, de nourrir mon appétit de vivre – ma curiosité aussi. Le jour où j'ai compris qu'expérimenter par les sens ouvrait à des découvertes infinies, j'ai ressenti la richesse de ce qui nous entoure. Et que nous serions bien pauvres de ne pas nous ouvrir à elle… Pourtant, ce n'est pas une question d'argent. Parfois, le plaisir, c'est juste dérober le soleil d'une figue à une branche ou voler un nombril de Vénus à un muret, ces feuilles en rosettes joliment acidulées, qui servaient à confectionner les philtres d'amour. On découvre un goût qu'on n'aurait pas imaginé. Voilà ce que j'aime dans la cueillette. Sans cesse, elle me relie à ce qui m'entoure, à ce qui est à portée de main. Un pré devient un terrain de jeux, une forêt un grenier. Pousser en constante immersion dans un milieu campagnard (mon terreau à moi, près de Roanne) m'a sans doute aidé.

Si je plonge dans mes souvenirs, de Renaison à Paris, je n'ai jamais quitté des yeux le produit. Enfant, partout, il était autour de moi. Dans les champs, dans les jardins, dans l'assiette. Je faisais un tour dans le potager, j'allais croquer un petit pois par-ci, une groseille par-là et je me composais, d'instinct, ma propre jardinière de légumes. Tout jeune, le croquant, le vert, le vif, étaient déjà présents. Je mesure aujourd'hui combien c'était là l'essentiel, et tâche de leur rester fidèle.

Chaque jour, chez *Table*, mon restaurant, j'affine une nouvelle cuisine que je veux cohérente par rapport à cette vitalité des produits. Je vous le dis d'emblée : je n'aime pas les appeler ingrédients. Ce serait renier leur personnalité. En faire des figurants. Un produit, c'est l'alliance sacrée d'une matière et d'un caractère. C'est ce que la nature, de concert avec l'homme, peut donner de meilleur. L'art de nourrir se construit sur le respect des produits et des producteurs.

L'excellence d'un produit ? En cuisine, elle est la première des qualités. En ce sens, être à Paris est une chance immense. Qu'on soit chef ou passionné, on y trouve tout ce qu'un terroir délivre de plus beau, qu'il soit français ou européen. Paris est une tour de Babel. La somme des terroirs. Une façon, en bouche, de parler toutes les langues. Se priver de la diversité ? Quel dommage pour un cuisinier ! Je me demande parfois ce que serait, strictement appliqué, le locavorisme – ce mouvement prônant de ne consommer que des fruits et des légumes locaux et de saison – à Paris… Serait-ce manger des tomates qui ont poussé sur les toits en zinc de la capitale ? Très vite, on voit les limites… Au fil des années, m'aimante tout ce qui contribue à fabriquer du sens. J'essaie de résister aux modes, aux influences, aux discours qui parlent fort pour toujours revenir à la cohérence. Elle me guide, comme le plus sûr des garde-fous. Car plus que tout, une recette, c'est un mode de pensée, pas un algorithme. Si vous l'intégrez, c'est gagné ! Ce n'est pas parce que vous avez la liste des ingrédients et des pesées que la recette s'offrira à vous. La clé reste votre technique, même si elle ne saurait faire cavalier solitaire. Y manquerait l'indispensable alliée : la sensibilité.

Belle cuisine = sensibilité + connaissance. La belle cuisine n'a pour moi rien d'élitiste. Ce qui la caractérise, c'est au contraire un mot pétri d'humilité : la justesse. Une forme d'harmonie, de pacte entre l'intention et sa réalisation, par la grâce d'une technique sensible, toujours à l'écoute.

Bien sûr, un cuisinier ne saurait se passer d'être un très bon technicien – au sens où un mathématicien ne pourrait faire l'impasse sur la nécessité de savoir compter. Mais à travers ces pages, je veux partager bien plus que de la technique : un esprit de cuisine. Que vous entriez non dans un déroulé, mais dans la narration d'une assiette. Dans son substrat personnel, en somme, ses racines profondes. Car une assiette a une histoire à raconter. Il suffit de l'écouter.

Onze facettes, comme une équipe. La plus belle, selon moi. Celle qui, au quotidien, remporte le plaisir.

À *Table*, nous sommes onze. Tout un symbole.

Le football, né au Royaume-Uni, sacralisa le nombre onze car les équipes, à l'origine, opposaient des dortoirs de dix collégiens et d'un surveillant.

Nul surveillant ici.

Mais la curiosité éclairée. Une amie – et un guide.

La générosité

L'un des maîtres mots pour approcher l'esprit de cuisine est la générosité. Une assiette se doit d'être généreuse. Cela n'a rien d'évident quand il s'agit de la doser. Dans l'arène de porcelaine, l'opulence ne doit pas virer à l'obscène. La difficulté, vous l'avez sans doute déjà éprouvée, apparaît davantage avec les plats que les entrées. Par nature, une entrée est moins copieuse qu'un plat. On peut la tirer au cordeau, elle produira un effet efficace, séduisant. Tout y est affûté, tiré à quatre épingles, tendu et appétissant. Avec une entrée, on n'est pas embarrassé par la quantité, à l'opposé d'un plat, où elle fait partie des attentes légitimes.

Je vois les entrées comme des prologues qui mettent en éveil les sens et introduisent le mangeur à l'esprit de la table. Dans le rythme d'un repas, elles sont des fléchettes qui vont droit au but. Le plat est, lui, plus complexe car il ne peut décevoir l'appétit. Dès lors, le cuisinier doit répartir des masses dans l'assiette. Même si celle du plat principal est grande, disposer ces masses reste embarrassant. D'autant plus qu'on ne peut perdre de vue la nécessaire générosité d'un plat. Les restaurants ne manquent pas où les plats sont des entrées déguisées, un peu maquillées. Elles donnent l'illusion d'être plus importantes mais la quantité fournie en poisson ou en viande y est petite, de l'ordre de 60 à 100 grammes par assiette. Pour moi, un plat de générosité et de partage se situe à 200 grammes de protéines. Prenons l'exemple d'un morceau de turbot. À *Table*, on le pèse à 200 grammes. Après cuisson, il avoisinera les 180 grammes. Une quantité honnête ! Je n'aime pas les assiettes embarrassées de garnitures qui servent à meubler l'absence de l'essentiel. Dans ces assiettes, un fatras de garnitures légumières, des zigouigouis qui distraient du fondamental et tentent de faire oublier le crime de lèse-majesté : l'absence de générosité.

Mes assiettes, qu'elles tournent autour de la lotte, de l'agneau, du turbot, d'une volaille ancienne, d'un saint-pierre, d'un agneau ou d'un petit cochon, sont conçues avec le produit au centre de l'assiette. Je le pose véritablement au centre. Il reçoit toute mon attention, c'est lui qui est l'expression de la générosité. Tout de suite, on voit la belle portion qui réjouit l'œil avant de combler le palais. Pour qu'elle soit vraiment belle, le sens de la découpe y est capital.

Cette dernière renoue avec l'art du trancheur. Loin d'être un détail, la découpe, par exemple d'une volaille, décide de la façon dont on va la goûter. Trancher est par conséquent une décision qui se prend en ayant de la suite dans les idées. Dès lors, cette volaille, vais-je la couper à fil ou à contre-fil ? Pour un blanc de volaille, je vais décider de respecter le sens de la fibre. Quant au suprême, découpe en deux, comme une lance, ou bien à contre-fil, en coupant les fibres pour obtenir des petits morceaux ? Face au produit, tout cuisinier doit se poser ces questions. Personnellement, j'apprécie peu les assiettes avec de la viande ou des filets de poisson déjà découpés. La raison ? Je ne supporte pas les assiettes où tout est comme déjà mâché, où tes bouchées ont été préparées. J'y vois une forme de prêt-à-penser de la nourriture qui ne laisse pas au mangeur la chance d'être présent à ce qu'il mange car il n'a aucun effort à fournir. Quand un cuisinier propose une belle assiette avec une construction élégante, le mangeur doit saisir sa fourchette et son couteau et réfléchir. C'est un premier pas vers le plat. Une façon de l'approcher, une parade amoureuse avant de se l'approprier. Découper invite à une belle présence à ce que l'on mange. Lorsque j'observe mes clients au restaurant, je les entends souvent se demander comment ils vont s'y prendre pour aborder leur plat.

En contrepartie de la gourmandise qu'elle attise, l'assiette formule un besoin d'attention, de respect, elle exige qu'on la mange en conscience. Naturellement, elle crée une présence à ce qu'elle est. Car elle est bien plus que de la nourriture. Quand on travaille de très beaux produits, il faut garder ces valeurs à l'esprit.

Me vient l'exemple de ma lotte que je cuis enflammée de bois et de feuilles de laurier et que je laisse ensuite reposer. Quand je la tranche, la chair blanche du poisson se met soudainement à nacrer. C'est sublime de beauté. Une féerie, à la grâce éphémère, qui provoque un arc-en-ciel sur la chair. Par l'effet de température, les sucs du jus de la lotte remontent à la surface et forment cette nacre spectaculaire. Le produit est là, dans toute sa beauté, il s'approche de la pureté d'une pierre précieuse.

J'essaie alors d'intervenir le moins possible. D'amener dans l'assiette simplement des éléments, des végétaux comme des condiments pour uniquement facetter la qualité du produit. Les garnitures d'un plat peuvent être le symbole de la fausse générosité. La tromperie du malin dans l'assiette, ne sont-ce pas ces trois feuilles de salade avec deux carottes mandolinées et un radis taillé qui se promènent ? À *Table* comme à la maison, je veux garder cet élan de pureté qui oblige le cuisinier à être généreux dans ce qu'il prétend servir. Lorsqu'on intitule un plat « Le turbot », il faut qu'on retrouve du turbot dans l'assiette ! Et non un petit bout de ce poisson noyé sous des louchées de sauce, de purée et de tout ce qui fait office de cache-misère ! La vraie générosité fera toujours la différence. Le produit s'offre pleinement à celui qui vient le manger, il tient le rôle phare, comme le grand acteur qu'il est. Une amicalité se crée entre le mangeur et le produit dès l'assiette posée. En même temps, l'épure, la discrétion sont des qualités indispensables pour garder le respect du produit.

La générosité à table doit se sentir dès l'accueil, dans l'intention donnée par un chef. Pour moi, il est naturel de montrer de l'attention dès la porte franchie. L'installation des clients est une invitation à se sentir chez soi. Une table, c'est un territoire. Comme un îlot. À peine la porte franchie, on doit sentir un pacte fort, une promesse qui va être tenue. Alors le mangeur sera en confiance. Il pourra s'ouvrir au plaisir, au dialogue, à l'expérience. Il pourra être heureux, dans l'évidence et la simplicité.

Pour réussir une assiette, le secret est de la préparer comme pour la personne qu'on aime – l'ami, la mère, l'amoureuse, l'amant ou l'inconnu qui vous honore de sa présence. De cette générosité dans le don, puisée au plus sincère de sa personne, naîtra le meilleur de soi-même dans l'assiette. Mais cet état d'esprit demande de quitter ses préoccupations terrestres pour atteindre la justesse. Dans une assiette réussie, il y a autant d'amour que de produit. Je crois à la conjonction des énergies : celle des produits, des cuissons, des savoirs, des intentions délicieuses et amoureuses de ceux qui cuisinent pour donner aux plats un supplément d'âme.

Quand, au moment de quitter le restaurant, des clients passent devant le comptoir en disant régulièrement : « Il faudrait quand même qu'on vous paie ! », ils témoignent par cette expression du fait qu'ils ont été reçus comme à la maison. Autour d'eux, la cuisine a créé une bulle, un espace-temps qui les sort du simple rapport marchand. On les a emmenés ailleurs, en un voyage intérieur fait de projections, de souvenirs. On les a sortis de la réalité pour les faire rêver.

L'exercice de la haute cuisine, dans le souci du beau et bien-nourrir, propose une grande promenade à travers l'espace et le temps. La générosité dépasse la quantité pour atteindre l'émotionnel. Cette générosité est un passeport, une carte de visite. Elle doit répondre à la générosité du monde, car cuisiner, c'est autant rendre que donner.

L'abricot

Je me souviens très bien de ma première rencontre avec l'abricot. C'était près de Renaison, non loin du moulin où j'allais chercher de la farine. J'avais à peine dix ans et le plus beau des arbres narguait ma timidité.
Je revois l'abricotier, dans un champ défendu par un muret, ployer sous de gros fruits charnus et dorés. À terre, une incroyable giboulée safranée. Comment lui résister ? Pour ce joyau d'été, j'avais bravé la peur de parler. J'avais osé demander à la fille de la meunière si je pouvais faire quelques pas dans le pré pour tendre la main vers ces fruits ivres de soleil, juteux et sucrés. Je les trouvai alors meilleurs que les joues d'une fille. Cueillis sur l'arbre, à pleine maturité, ils donnent l'impression d'être des confitures sur pied. Plus tard, en les cuisinant, je n'ai jamais oublié qu'il fallait leur déclarer ma flamme pour qu'ils s'épanchent de mille suavités.

L'abricot
je me souviens très bien de ma première rencontre

L'art de nourrir

Comment nourrir l'autre ? Cette question est au cœur de mon désir au quotidien. Elle justifie mes audaces comme mes efforts. Comment séduire l'autre, subjuguer ses sens et les combler ? Car la nourriture caresse le palais. Elle vient soutenir le corps mais aussi le consoler. En cela, elle a une mission. Une vraie mission. Pas besoin de réfléchir longtemps pour réaliser que manger est notre rapport originel au monde, un rapport essentiel. Sa singularité est d'être tout autant vital (nourrir le corps) qu'accessoire (nourrir l'âme). Et pourtant, nourrir l'âme peut, parfois, avoir des effets bien plus puissants, bien plus profonds que simplement celui nous sustenter…

Les bébés ont le réflexe d'attraper des objets et de les porter immédiatement à leur bouche. Par cette ouverture magique, ils conquièrent le monde. Les oreilles sont une conque, la bouche est une caverne. Pour les petits, mordiller ou avaler n'est pas un acte de dévoration mais de connaissance. Une façon de s'approprier le monde, de l'apprivoiser et de se rassurer. Quoi de plus intime, dès l'enfance, que cet acte si naturel ? C'est un lien viscéral au monde qui nous entoure, au besoin de se cultiver, à l'âge où les mots ne nous sont pas encore accessibles. Voilà pourquoi, selon moi, nourrir son corps et son cerveau relève du même élan.

Se nourrir bien est une dimension essentielle de l'être humain, dans son rapport à lui-même et au monde. C'est grandir en tâchant d'avoir une vie cohérente, prolonger sa vie de façon agréable, être en bonne santé en partant du principe que notre nourriture est notre première médecine. Je suis touché par la dimension holistique de la médecine chinoise : on est fait d'énergies, qu'on absorbe en cohérence ou en dissonance. Quand on est bien nourri, on est bienheureux, on donne du plaisir à son corps et à son esprit. Pour moi, nourrir l'autre relève d'un rapport presque maternel. À travers la nourriture, j'ai besoin de faire du bien, de nourrir bien, avec des éléments de grande qualité qui vont profondément respecter des équilibres. En privilégiant des nourritures saines, pas trop grasses, en lien avec l'humeur du temps et celle des appétits. La haute cuisine en fait un art, mais à partir de ce socle puissant, de qualité, d'amour et de désir de soigner l'être dans sa globalité : sa santé comme son plaisir.

Cette mission s'accomplit par d'extraordinaires associations de saveurs et dans l'incessant facettage des produits pour révéler leur nature et leur faculté à merveilleusement se combiner. Dans certains plats, quand le mangeur constitue sa bouchée, il a soudain le sentiment que tout s'accorde. C'est à la fois délicieux et inspirant. Ce plat fait naître des envies, des élans, des émotions tellement puissantes qu'elles le dépassent.

Car voilà ce que je vise : transformer une nourriture qui a vocation à simplement nourrir en quelque chose qui me sublime moi-même comme elle emporte le mangeur au-delà de ce qu'il attendait. Il sera alors transporté, au sens le plus fort du terme. Sa mémoire sera stimulée, son imagination mise en branle, il ressentira des frissons de plaisir, intensifiera sa capacité à recevoir et à vivre. Il percevra la nourriture comme la chance de s'ouvrir à l'inconnu.

Prenons l'exemple de mon homard. Tout mon travail repose sur le désir de transformer un plat connu en une construction inconnue. De renouveler l'approche, de la transcender pour que l'on puisse découvrir ce crustacé comme jamais auparavant dans ce qu'il offre d'intéressant et de sensible. Je fais alors goûter non seulement un plat, mais ma vision du homard, ma façon de le manger, de l'honorer. Plus encore, à travers lui, j'invite les gens à pénétrer mon esprit, à partager cet art de nourrir. Quand on travaille de cette façon, en tant que chef, ce rapport entre eux et moi va loin. Nourrir est une offrande. De produits bien sûr, mais également de soi. Une amie, Betony Vernon, m'a taquiné un soir à ce sujet : « Bruno, tu es épuisé chaque soir car tu fais l'amour en même temps à trente personnes ! » Cette plaisanterie m'a fait sourire. Mais j'y ai vu aussi une part de révélation de ce lien si fort entre un cuisinier et sa salle.

Derrière l'offrande des saveurs se cache celle d'un savoir, d'un amour porté aux gens comme à leur travail. Je pense alors aux artisans dont je suis fier de travailler les produits exceptionnels. Au paléolithique, les chasseurs devaient ressentir cette même fierté de rapporter un beau gibier dans leur grotte, de le faire rôtir et de le partager avec leur tribu.

Par chacune des assiettes que je conçois, j'aime l'idée de partager mon expérience, mon savoir, mais aussi de participer au bonheur des autres. Un restaurant ne serait rien sans ce souci constant de l'offrande et du partage. Par cette générosité, je ne recherche pas les compliments, mais la joie de voir rayonner dans le regard des gens qu'ils sont sensibles à cette notion de partage. C'est alors une trêve au milieu des soucis, des souffrances et des angoisses qui minent nos journées.

Dans l'art de nourrir, nul calcul. À l'image d'un chanteur, d'un peintre ou d'un musicien, derrière le besoin forcené de partager son savoir, on trouve le désir d'apporter du plaisir et du bonheur aux autres. Ce même élan est présent dans l'art de cultiver, d'élever ou de pêcher. Autour de moi, des artisans se dédient corps et âme à la production des plus belles carottes ou des tomates les plus savoureuses. Ce sont des gens passionnés, comme l'est ce petit paludier des Salines de Millac, à Bourgneuf-en-Retz, qui, avec sa femme, est dans le partage absolu de leur passion et de leur savoir. Ils sont littéralement transportés par leur envie de réjouir le monde. Un cuisinier récolte cet enthousiasme. Il joue avec ces joyaux que sont les produits artisanaux pour en respecter la beauté. Un peu comme s'il faisait tourner le ciel nocturne entre ses mains pour révéler une nouvelle étoile, à la brillance différente, et la façonner.

On le voit, pour se constituer une belle bibliothèque de goûts au fil des ans et des expériences, il faut être ouvert en permanence, garder un rapport enfantin à l'inconnu pour porter le monde à sa bouche et en retenir le meilleur. Si on se ferme, on n'est plus capable de s'ouvrir à la diversité. Parfois, il suffit juste d'être à l'écoute. Un jour, j'étais sur un marché. Je trifouillais dans des bottes de coriandre, avant de me décider pour de superbes mirabelles. Sur le chemin du retour, j'ai dégusté quelques fruits, à même le sachet – le bonheur de ne pas attendre, de trouver tout de suite son plaisir… Et c'est finalement une association que j'ai trouvée ! Ce parfum de coriandre sur mes doigts, qui parfumait délicieusement les mirabelles, m'a inspiré un dessert : la Giboulée de mirabelles avec une crème glacée à la coriandre.

Tous les jours, je reste à l'affût du renouvellement en goûtant ce que me procure le hasard des rencontres. Comme ces câpres passées en grande friture, au goût extraordinaire, aux notes florales qui délaissaient la puissance pour s'envoler vers une élégance rare, presque l'éthéré. La texture, à peine croustillante, était passionnante. Découvrir des saveurs, des goûts et toute la gamme des possibilités offerte par leur combinaison est bien plus qu'un objectif : c'est une raison de vivre.

L'art de nourrir, c'est rester en éveil par rapport au monde. Dans la vie, on goûte l'expérience comme on goûte des produits, à de nouvelles idées, à de nouvelles lectures pour nous construire notre bibliothèque de goûts. Je me souviens des sages paroles de Pierre Hermé, mon ami pâtissier : « Ne dis pas que tu n'aimes pas quelque chose : dans un an, cinq ans, ce sera peut-être ce que tu préféreras. » D'ailleurs, quand quelqu'un décrétait ne pas aimer, par exemple, l'aubergine ou le poivron, je me suis toujours demandé de quel poivron ou de quelle aubergine il parlait. Plus que le rejet d'un produit, c'est le refus d'une découverte et de la connaissance qui me chagrine. Personnellement, je n'aime pas l'aubergine de supermarché ou les poivrons en « plastique » espagnols. Mais forcément, parmi toutes ces variétés, toutes ces formes, il en est une qui va nous toucher, nous conduire à en aimer toutes les autres, jusqu'à cette déclinaison sublime de la tarte aux framboises, parmesan et poivron de Pierre Hermé… Le poivron en tarte, vraiment ? Non, assurément ! Comment se priver du plaisir de la surprise, de la joie de cette gourmandise hors pistes ?

Tout produit a un biais. Le découvrir passe parfois par un autre qui servira de relais et amorcera le chemin vers celui que l'on dénigre. Mais il faut être à l'écoute, avoir de l'appétit, de l'envie. À *Table*, en chaque personne qui mange chez moi, j'essaie de semer les graines pour que grandisse l'appétit de la vie. Certaines germeront et produiront de nouvelles graines, d'autres non. Au restaurant, je me heurte naturellement à des résistances, à un refus de faire de nouvelles expériences, ce qui est normal. Il y a un temps pour tout. J'essaie alors d'être plus souple que mon interlocuteur, de ne pas cristalliser le point de discorde. Aujourd'hui, il est de plus en plus rare d'entendre les clients arriver et décréter : « Je n'aime pas. » Il y a un côté puéril à rejeter en bloc. La solution inventée est l'allergie. Elle est l'opposition la plus forte à l'esprit d'aventure. Certaines personnes ne sont prêtes à aucune audace. Chez elles, le besoin de maîtrise, le rapport au pouvoir, est grand. S'imposer en avançant des faits, revendiquer une différence, est fréquent chez l'être humain. Je me souviens d'une revendication qui ne fut pas formulée sans humour. Un soir, une femme s'approche de moi alors que je suis en pleine cuisson. Elle veut me parler et brandit une feuille A4 manifestement pliée plusieurs fois, patinée d'avoir été trop maniée... La liste de ses allergies – écrite en tout petit ! Cette femme ne me tendait pas une liste mais m'opposait une carapace. Je l'ai regardée attentivement. On eût dit une liste dressée par un juriste sur un paquet de biscuits pour prémunir son fabricant de toute poursuite ! Ma réponse fut sans hésitation : « Aucun problème. » Stupéfaction de la dame. Elle attendait un problème car tous les produits incriminés n'étaient jamais travaillés. D'autres, comme les noisettes, il suffisait pourtant de ne pas les utiliser dans les plats. Une autre fois, un homme, lui aussi allergique, est venu me voir en cuisine pour me dire qu'il s'était déclaré tel devant ses amis uniquement parce qu'il n'osait pas leur dire qu'il n'aimait pas le concombre ! Je considère ces déclarations comme des témoignages de ce qu'est notre société. C'est pour moi une façon de prendre la température du monde, de mesurer les modes et les influences. Pourtant, il ne faut pas oublier que ce sont les nourritures de l'industrie agroalimentaire qui provoquent par leur toxicité la majeure partie des états inflammatoires.

Nourrir bien, nourrir sainement les gens, en s'appuyant sur les valeurs des artisans, voilà ce qui m'a conduit à l'idée de *Table*. S'interroger sur la façon d'acheter, sur le monde que l'on veut, par exemple en privilégiant les petits producteurs et les artisans plutôt que l'industrie. Revenir à un rapport plus pur et plus simple aux produits, à une salade que l'on va laver plutôt que de l'acheter en sachet, à des carottes à râper plutôt que préparées et mises en barquette, à un steak acheté chez un boucher plutôt que vendu sous vide, voilà les réflexes que j'espère acquis en montrant la noblesse des produits. Aux jeunes autour de moi, j'apprends la haute valeur à ajouter par l'exercice élégant de notre métier, pour que le mangeur, au sortir d'un dîner, s'interroge sur sa façon de consommer. Déjeuner ou dîner chez *Table* est une invitation à se cultiver. Chacun en fera ce qu'il voudra. En cuisine, grâce à cet espace ouvert qui nous relie à la salle, je suis dans l'échange, disponible pour raconter les recettes, les modes de cuisson, l'origine des produits. Car la parole se partage, comme le pain.

Parfois, le plaisir, c'est juste dérober le soleil d'une figue à une branche ou voler un nombril de Vénus à un muret, ces feuilles en rosettes joliment acidulées, qui servaient à confectionner les philtres d'amour. On découvre un goût qu'on n'aurait pas imaginé.

Le rouget

Quand j'avais douze, treize ans, je passais des heures au large de l'île d'Yeu et plus particulièrement de la plage des Sapins à observer les petits rougets. Entre rochers et algues, les juvéniles s'affairaient à grattouiller le sable à l'aide de leurs deux barbillons qui, de face, leur donnaient l'air d'avoir avalé des baguettes de mikado. Le ballet des petits rougets me fascinait. Remarquables de curiosité, ces poissons nourrissaient la mienne. À cette époque, j'étais heureux de regarder les fonds marins. Des crevettes transparentes passaient, presque incognito, tandis que les rougets fouinaient dans leur banc de sable avant de se réfugier parmi les rochers qu'ils grattaient. Ils me faisaient l'effet de tout vérifier, d'être à la fois les guetteurs et les veilleurs. D'où cette expression que j'ai forgée de « rougets farfouilleurs ». Quand je rentrais après deux, trois heures d'exploration avec masque et tuba, je finissais moi-même rouget : mon dos était écarlate d'avoir été trop exposé au soleil.

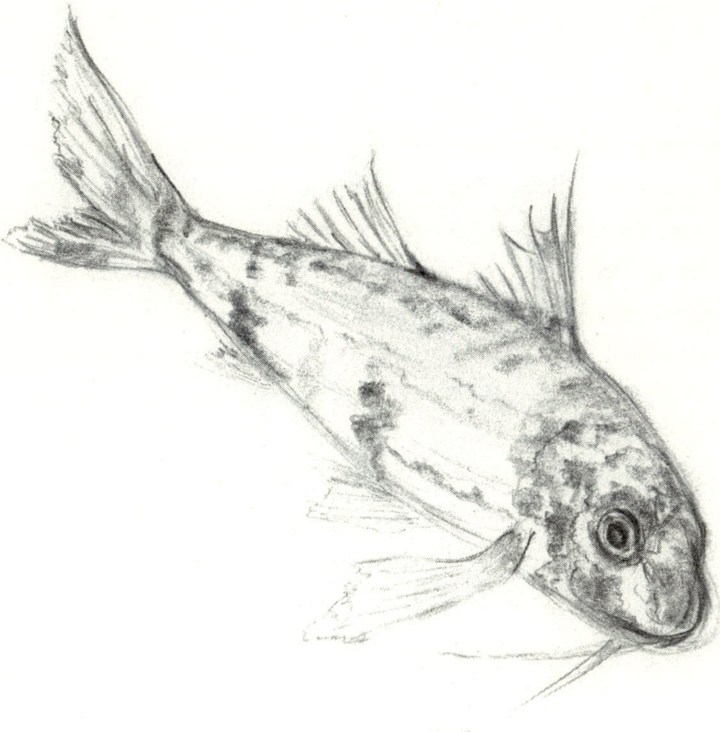

L'émerveillement

Les produits sont les acteurs de ma cuisine. Sans eux, rien ne pourrait se jouer. Je les reçois toujours avec excitation et émerveillement. Chacun a son identité. Mes plats reposent sur leur splendide énergie. Fragile, il faut savoir la préserver. Prenons la fleur la plus délicate : celle de courgette, au jaune gorgé de soleil. Elle est ramassée au petit matin, livrée à 11 heures au restaurant pour être travaillée à midi. Ainsi, on ne perd ni son énergie ni sa beauté. On touche à l'ultrafrais, à la préciosité. Un rien la froisse, un soupçon de trop la flétrit. La manger procède d'une acceptation de sa mortalité. Je revendique de travailler les produits carnés. Les animaux meurent aussi... Sans nous, les champs se dépeupleraient. Qui continuerait cet effort insensé d'élever des bêtes, si la finalité de les consommer se perdait ? Je n'imagine pas les prés privés de cette incroyable diversité. Et s'ils n'étaient que fleurs mourrait l'indispensable variété...

Si la fraîcheur des produits m'inspire, l'émerveillement tient également à leurs couleurs, inséparables de cette fraîcheur. Chaque saison a ses tonalités, d'une extrême beauté. En cuisine, la couleur va me guider. Impossible d'imaginer une assiette qui ait des teintes mortifères ou tristes, même en hiver. La lumière extérieure n'est certes pas la même en fin d'année, on ne peut exiger les mêmes tonalités. Mais on trouve des rouges très sombres, des bruns éclairés, des noirs profonds, des verts foncés, l'important étant de garder la lumière, elle véhicule des énergies. La couleur des ingrédients est une source constante d'émerveillement. Celle des poissons m'a toujours subjugué. Ah ! ces rouges, ces orangés, ces bleutés, ces éclats irisés, ces gris veinés, ces noirs d'encre ! Je ne parle pas des légumes, de leur extraordinaire palette naturelle, enrichie par les variétés anciennes retrouvées. Dans l'assiette, on ne cesse de jouer avec ce ballet chromatique, de faire dialoguer les couleurs complémentaires, comme si l'on composait un tableau.

Au printemps, travailler une belle huître Utah Beach, en gardant à l'esprit le rapport que la terre entretient secrètement avec le marin, est une plongée jubilatoire dans le vert. Quand je dis « le vert », je pense au vert pluriel, à l'incroyable nuancier que ce plat me permet de déployer. Le persil grillé frit s'y prend pour une algue, il vole des goûts marins, iodés, très salins. On est relié au côté portuaire mais aussi à la brise marine. Le vert sombre qu'on retrouve dans l'eau de l'huître ramène à la profondeur des eaux, aux algues des bassins. Je l'éclaire des premières sommités de chou-fleur graffiti violet qui vont transposer cette huître dans l'univers des pierres précieuses… Dans son coffret améthyste, elle devient trésor marin.

Quant au petit rouget « farfouilleur », il ne cesse de m'émerveiller. On connaît les rougets vendangeurs, ainsi appelés parce qu'on les mange à l'automne. Quand on plonge en apnée, on peut les observer au milieu des algues, toujours en train de farfouiller. D'où son surnom à *Table*, hommage aux mœurs de ce petit poisson. Ce surnom lui crée une identité remarquable, provoque l'empathie, il attire l'attention et saisit l'imaginaire. Les serveurs de *Table* répondent malicieusement à la curiosité des convives. Leurs questions donnent des clefs pour respecter en profondeur l'identité remarquable des produits.

J'étais désemparé de voir disparaître la beauté du rouge orangé des petits rougets à la cuisson. Dans cette idée de respecter ces si nobles poissons jusque dans leur couleur originelle, j'ai eu l'idée de les travailler avec une tempura très légère, une farine de riz mouillée d'eau gazeuse, à laquelle j'ajoute une réduction de fleurs d'hibiscus, ce qui permet au rouget de garder cette couleur rouge, vive, éclatante, très proche du Mercurochrome. De plus, elle procure une note acidulée grâce à la tempura. L'usage veut qu'on agrémente la friture de gouttes de citron, lesquelles n'ont d'autre vocation que d'en désoler le goût. Là, l'hibiscus apporte une teinte de gros jus de cerises qui se marie formidablement avec les rougeoiments du rouget. Voilà comment le respect d'un produit donne naissance à une recette !

Versant sucré, une autre recette est née de la fascination pour un produit sacré : le miel. Je l'apprécie autant pour son goût que pour ses extraordinaires qualités organoleptiques. J'aime sa transparence, qui m'évoque la danse avec la lumière de l'ambre. Le miel est ambre liquide, même s'il sait jouer de teintes insoupçonnées, du blanc nacré jusqu'au brun noir le plus foncé. En lui-même, un pot de miel est un dessert. D'où l'idée de conclure un repas par un lac de miel.

À l'origine se trouve l'envie de refaire la tarte aux pralines rendue célèbre par Alain Chapel. Avant qu'elle ne devienne un grand classique de la gourmandise lyonnaise, Henri Cornil, un industriel du secteur textile qui fréquentait de belles tables, parle un jour à Alain Chapel d'une tarte que sa cuisinière lui prépare chaque week-end. À Lyon, elle n'existait alors pas. Chapel va la travailler à sa façon. Elle deviendra son dessert signature, car à l'époque on aimait les rendez-vous dans les tables étoilées.

J'ai récupéré sa manière de faire. Le carnet de recettes de la cuisinière espagnole d'Henri Cornil n'a jamais été retrouvé. Mais son dessert était d'une grande simplicité. Sur une pâte à tarte, elle versait un appareil à base de sucre et de crème récupérée naturellement du lait de la ferme. Les pralines apportaient du sucre. Le génie d'Alain Chapel fut de comprendre que ce dessert était très séduisant par sa couleur d'un rose tendre et que l'acidité lactique des crèmes crues tempérait le sucre de la praline et l'équilibrait. Au final, ce dessert emblématique de Lyon s'avère d'origine espagnole !

Le jour où j'ai voulu travailler mon lac d'ambre, j'ai songé à décliner cette tarte aux pralines en une tarte au miel suivant le même principe, à savoir que la fraîcheur lactique de la crème vienne équilibrer un caramel conduit avec le miel. J'obtiens alors ce lac magnifique dont les couleurs varient en fonction des saisons et des miels. J'aime travailler les miels de printemps très blancs, car pleins de cire, aux extractions douces, ou des miels d'oranger de Grèce, subtilement parfumés. En octobre, je choisis des miels plus puissants de châtaignier ou de myrte, tandis qu'au printemps je préfère le lacté crémé cireux de miels moins capiteux. Plus on avance dans la saison, plus on rencontre des miels puissants, dont l'amertume peut être cinglante. Les sucrosités subtiles du miel viendront toujours l'apaiser, relayées par la douceur lactique de la crème fraîche. Pour l'accompagner, je privilégie une note très parfumée, comme une crème glacée au citron confit. Cuit pendant trois jours et trois nuits dans un très léger sirop, le citron devient presque brun et extrêmement moelleux. Il développe des arômes de parfums orientaux, un brin ambré, qui viennent compléter les sensations acidulées et les amertumes légères pour procurer en bouche une palette de dégustation complète. Les lumières extraordinaires de ce dessert offrent des variations d'ambiance qui font de ce paysage mon soleil couchant préféré.

Le coquelicot

Le coquelicot signale joyeusement le printemps. Il peuple mes souvenirs et ravit mes échappées. Lorsque je passe en voiture et que les champs défilent, les voici soudain qui vacillent à la vitre entrouverte. Je pourrais les regarder sans me lasser, comme s'ils pigmentaient l'œil de leur gaieté. Ils m'ont toujours fait songer aux robes des femmes. Il y a en eux tant de tendresse, de fraîcheur ! Quelque chose de délicieux dans leurs petits volants rouge vif qui frissonnent au vent et se plissent en riant… Ils m'évoquent la beauté féminine dans son extrême délicatesse, me rappellent cette agilité que seules les femmes ont quand elles sortent en jolie robe. Cette fleur vive comme la flamme, je l'aime encore pour son odeur superbe qu'on retrouve en préparant des sirops de coquelicot. Ses pétales sont ma feuille d'or naturelle, et je j'applique sur mon homard comme sur du bois sculpté. Le coquelicot vient draper de sa robe fragile le corps nu du homard posé dans l'assiette. Et le prince de la mer de se parer du voile sublime de ce qui est éphémère.

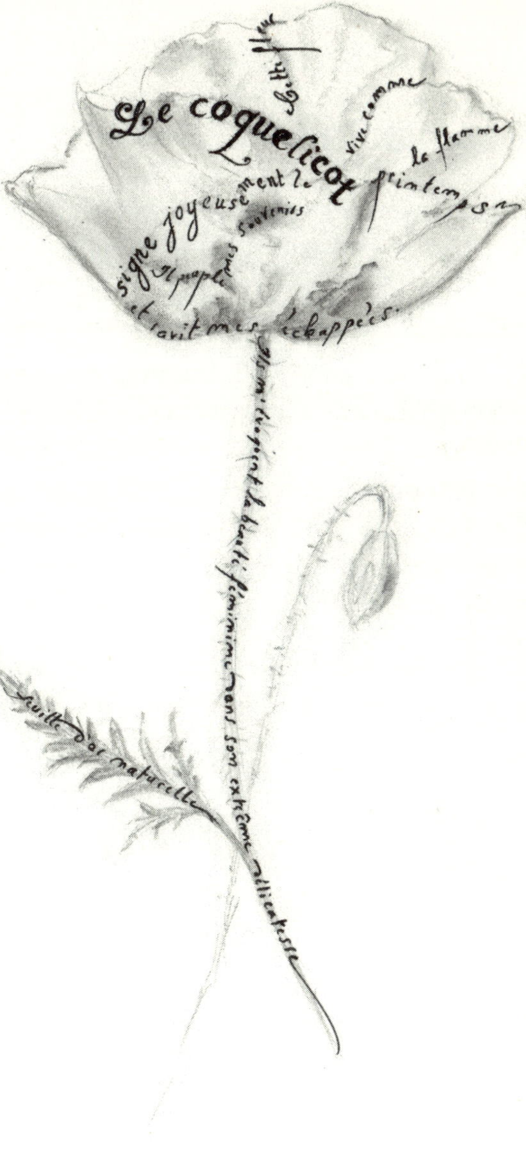
Le coquelicot
vive comme
la flamme
joyeusement le
printemps
signe
souvenirs
et ravit mes
échappés.
la beauté féminine dans son extrême délicatesse
Feuille d'or naturelle

Les promenades

Je construis mes plats comme des promenades. Plus encore : comme des paysages oniriques. Chaque bouchée me projette dans une balade à mi-chemin entre mémoire et fantasme. Cette intention est plus facile à réaliser avec les entrées qu'avec les plats. Aujourd'hui, ces derniers se sont rapprochés de ces reflets.

Le déclencheur de mes idées de plats est bien souvent ce paysage que je projette autour d'un produit. Il est le moteur de la création et je l'ajuste en fonction des saisons. Ainsi du kéfir concombre-menthe en granité sur une huître, qui fait de l'huître un écrin maritime baigné de fraîcheur. Ou des grosses soles d'Yeu, un poisson que je n'ai qu'en hiver au restaurant, de décembre à janvier. Je les projette sur ces paysages d'hiver de bord de mer, à la végétation un peu grillée, aux asphodèles d'un jaune brûlé, presque taxidermisés par le sel et les embruns. Dans l'assiette, ces réminiscences composent des paysages imaginaires autour de ma sole. De là le poireau grillé et les tonalités brunes d'un jus de volaille, quand les teintes brillantes des mousses vertes au printemps virent au jaune avant de basculer dans le brun.

Il est très amusant de voir l'influence des saisons sur la composition de ces palettes. Pour les entrées, en début d'été, je convie les souvenirs de jardins au matin, avec leur myriade de petits légumes : haricots verts ou violets, pois gourmands, pois chiches couleur des prés, cives… Je me remémore cette joie de croquer ces légumes crus, quand j'étais enfant et que je me demandais quel goût avait la vie. Ils se contentent juste d'un peu de sel, pour l'assaisonnement. Sinon, j'y ajoute des images maritimes. Je dépose alors coques, couteaux ou palourdes à leurs côtés.

Ces paysages mentaux ne sont pas forcément cohérents. Ils peuvent être des collages, verser dans l'onirique, se superposer comme des images que l'on surimprime. Ils ne forment pas nécessairement la trame d'une histoire, ni ne participent de la logique d'un lieu. Leur géographie se joue des cartes mais leur cohérence gustative est, elle, en revanche, évidente.

Les références au jardin sont les plus fréquentes. Quant à l'influence majeure, il faut la chercher du côté de l'eau. Ce qui m'anime, ce sont les paysages marins, l'île d'Yeu en tête où demeurent mes mille et un pas d'enfant. Dans mes rêves, tout se mêle, l'eau n'a plus de frontières. Les bords de rivière enlacent les bords de mer, jusqu'à gagner la paix tranquille des étangs. Peut-il naître un plat de tout cela ? Assurément ! C'est mon foie gras, pain toasté à l'anguille fumée, qui met le canard dans la mare. On retrouve le milieu aquatique dans ce plat d'automne et d'hiver, aux odeurs de feu. Le canard croise les anguilles, ces poissons lacustres étranges, avec l'envie de réconcilier l'eau et la terre. Chaque touche se pose en harmonie avec le biotope. Quand je mange le pain à l'anguille fumée remontent en mémoire des odeurs limoneuses et poissonneuses, qu'on trouve même à Paris en bord de Seine. Elles ont de l'élégance, renforcée par les notes de bois brûlé. On est dans le paysage, on s'y fond, le petit canard se promène au gré de la narration. L'œil est attiré par une succession de détails, de lumières et de plans, l'assiette retrace cette promenade. Manger, c'est voyager. Dans la mémoire, dans l'espace et dans l'épaisseur de la sensation.

L'aquatique m'a profondément marqué. Il imprègne tout entier ce plat créé récemment, mettant en scène des chipirons pêchés à la ligne au Pays basque. Une merveille de beauté et de pureté. À l'origine, un souvenir, vieux d'une vingtaine d'années. Des petits encornets que je rêvais de manger. C'est en Espagne, à Guetaria, et plus précisément chez *Elkano*, que mon rêve s'est exaucé. Ils venaient d'être pêchés. Quand tu les regardes, c'est, à leur surface, une migration permanente de couleurs, des taches qui s'agrandissent, se rétractent… De l'orangé, du vert, un côté caméléonesque, une incroyable circulation de couleurs sous leur peau. Tellement sublime qu'on voudrait les gober dans l'eau, en nageant. Quand j'ai créé le plat, j'ai souhaité en faire une célébration du vivant et pensé longuement à la manière de préserver leur texture, cette douceur ingénue qui évoque le blanc d'œuf à peine coagulé.

Dans l'assiette, je les sers comme un banc en évolution. On leur ôte juste leur plume chitineuse, sans les vider car, étant pêchés à la ligne, ils ne comportent pas de sable. J'avais envie de les servir crus, ce qui est compliqué à faire accepter au client. Alors je les ai tempérés comme mon homard, au beurre clarifié, durant quelques minutes pour les porter à la température du palais. Puis je les ai assaisonnés dans l'esprit de restituer la couleur de leur peau avec de l'huile de pimentón et de feuille de figuier – une huile que je prépare avec de petits pimentóns séchés, moulus et infusés dans une huile neutre. Cette assiette est un paysage reconstitué, une proposition de voyage sous-marin, une plongée dans la mémoire et la conscience du vivant. Les gens qui ont dégusté ces chipirons ont senti tout de suite quelle était mon intention. Si la première bouchée déroute, on est immédiatement projeté dans cet univers marin.

Un client, du Guide Michelin, me l'a même dit : « C'est comme si j'avais avalé un chipiron en nageant ! »

Ce fut tout un travail de rendre les lumières de ces merveilles, aux îlots de couleurs mouvants… Dans ce plat, la volonté graphique est puissante mais non gratuite. Le voyage doit mobiliser tous les sens et exacerber la sensualité des textures. L'Asie a une vraie culture des textures. J'ai été très marqué dans mes voyages par les soyeux extraordinaires des collagènes qui ont fait la haute cuisine chinoise (aileron de requin, nid d'hirondelle, paume d'ours), également par les tendons d'animaux sauvages. J'affectionne particulièrement les délicates jointures du veau, les superbes collagènes des petites parties du turbot, qui ont forgé la grande histoire du goût. Quelles que soient les cultures à travers le monde, chacune a cherché à conserver cette douceur en bouche. Je pense bien sûr au bœuf de Kobé, à la ventrèche, cette partie ventrale du thon gras (*otoro* en japonais), laquelle vaut une fortune, au caviar… L'expression ultime des belles saveurs, l'éloge de la douceur…

Comment faire tenir un microcosme dans un plat ? Je me débrouille pour construire mes assiettes de façon qu'il y ait suffisamment d'éléments qui donnent ces impulsions au départ. Bien sûr, on ne peut percevoir d'emblée la cohérence de ce qui est épars. Chaque bouchée est différente, par la précision requise pour sa dégustation. Quand je travaille les plantes sauvages et les fleurs au printemps, les croquants, les acidulés, les amers seront perçus différemment. Même si on mange un poisson cru, on constitue à chaque fois une bouchée unique, qui permet d'en savourer les multiples facettes. Les condiments, eux, ont une façon de tailler le produit comme un diamant, d'ouvrir un éventail de saveurs.

Pour respecter le caractère d'un produit, il est essentiel de ne pas corser une saveur autour de lui. Sinon, on introduit une tonalité majeure au lieu d'ouvrir délicatement l'éventail de cette promenade dans l'assiette qui doit être tout en impressions fugaces, petites notes et lumières variées. Une carotte, une framboise pourra alors se révéler si on ne l'écrase pas sous un assaisonnement. En fonction de sa variété et de sa provenance, si l'on y prête attention, on parvient alors à déployer toute la gamme de ses saveurs. L'ouverture d'esprit développe la réceptivité, attitude qui va accroître au niveau du palais le sens de la découverte.

Ma cuisine implique des gestes précurseurs à la découverte de ces saveurs. Cette carotte, par exemple, je vais la taquiner de quelques gouttes d'agrume, d'un peu de safran ou d'un grain de sel. Sans oublier sa feuille. Car la pluche de carotte (ou la fleur de carotte sauvage) offre des notes de gingembre. On reste dans l'univers très proche de la carotte mais on découvre le prolongement de ses notes, avec ce côté feu, acidulé, lumineux du gingembre, liaison naturelle avec les agrumes. Le projet d'une belle assiette est d'ouvrir le champ naturel des possibles d'un produit. D'être à l'écoute de ce qu'il porte en lui pour déployer ses saveurs. Montrer qu'elles ne sont en rien monotones. Mes promenades sont une proposition autour d'un mot, autour d'un mets, une parade amoureuse en hommage aux nuances du vivant.

Sur le versant des desserts, quand je travaille l'abricot du Roussillon, je le cuis pour révéler son goût rond et concentré. Je lui apporte des notes acidulées, pointues, caractéristiques, adoucies avec du miel pour mieux l'approcher. J'aime aller vers des miels très solaires, tel celui de Kalamata, au biotope formidable, très pur, riche en plantes sauvages, qui apporte la vigueur des pousses. Et la couleur de l'abricot, là aussi quelle intensité ! Je la renforce et l'éclaire grâce au safran. Quant au goût de l'amandon de l'abricot, il fait pour moi partie intégrante du fruit. Chez *Table*, on casse les noyaux d'abricot pour récupérer un peu d'amandon que l'on glisse ensuite dans le plat. Il va permettre de comprendre le côté végétal de l'abricot, sa fraîcheur également, qui sera prolongée par une crème glacée à la coriandre. Elle va contraster avec le fruit, et remettre à chaque bouchée les papilles en état d'alerte pour redécouvrir le goût de l'abricot. On peut aussi aller le chercher avec une glace à la vanille ou une crème glacée à la brioche toastée pour l'asseoir dans un confort aromatique sucré, un peu rond. Ma glace joue le rôle d'un condiment pour que la bouchée, par sa nouveauté, ouvre le champ des saveurs. Plus que l'abricot, c'est l'abricotier qui m'intéresse, le ligneux, la tige, le vert du fruitier, qui se lie à la maturité du fruit, à son rapport à l'eau et au soleil.

Cette promenade se décentre de l'abricot pour s'inspirer de pas autour de l'arbre. Le soleil, le floral, le feuillu, l'ombre enrichissent l'histoire de l'abricotier pour dépasser le simple résultat qu'est le fruit. Voilà ce qui compte : ne pas réduire le plat à un produit, montrer que le fruit est le résultat d'une année d'existence et restituer son rapport au vivant, que la promenade parte des racines. De là cette idée, en cuisson, d'aller jusqu'à l'épuisement du fruit. Il s'offre alors au mangeur dans son ultime étape, très solaire, comme un évanouissement.

Il est rare que la disposition soit très surveillée dans mes assiettes. Je n'apprécie pas ce côté chasse gardée. Sauf pour mon homard, où je reconstitue le chemin de toutes les petites plantes ramassées autour de moi, jusqu'au rocher qui accueillait le homard. L'abricot, lui, ressemble à une giboulée de fruits dans l'assiette, comme une proposition aléatoire qui influe sur le hasard avec lequel se présente chaque bouchée. Je me méfie des constructions organisées. Les miennes procèdent plus de l'instinct, de l'intuition. Qu'on me dise : « Vous commencez par là… vous finissez par là », et ma liberté est contrariée. Le mangeur doit s'approprier son plat. L'observer pour trouver son biais. On ne peut prétendre avoir compris comment chaque personne aime manger, la manière dont elle perçoit les saveurs. Une assiette est une proposition qui appartient à celui qui la déguste. Elle correspond à ses envies, même si elles ne reflètent pas forcément ma bouchée rêvée. L'essentiel est qu'elle lui convienne. Quand on dépose une assiette sur la table, elle a été construite pour convenir à chaque convive. On n'est ni dans une leçon ni dans la distance un peu froide d'une œuvre d'art. Une assiette n'est pas faite pour être regardée avec vénération, c'est seulement une proposition sensible pour donner envie de manger et montrer tout l'amour du produit que l'on désire partager.

Quand je dresse une assiette, le geste est très différent de la peinture où l'on ne revient pas en arrière, où l'on ne peut effacer. J'aime les repentirs possibles, le naturel dans l'élan de la générosité, du don et de l'instant qu'autorise cette consécration du vivant.

Pour réussir une assiette, le secret est de la préparer comme pour la personne qu'on aime – l'ami, la mère, l'amoureuse, l'amant ou l'inconnu qui vous honore de sa présence.

La betterave crapaudine

Ce qui me fascine dans la betterave est le côté ingrat de ce caillou dérobé aux profondeurs. Avec ses feuilles nervurées de rouge, son foliaire a pourtant tout pour plaire. La betterave, c'est le sang de la terre, un vrai système vasculaire. Lorsque la main la tire du sol argileux dans lequel elle s'était fait un nid douillet, je vois un cœur qu'on arrache soudain à son royaume souterrain.

Si j'en aime toutes les variétés, la betterave crapaudine m'intrigue par sa peau noir mat, sa succession de tissus collés les uns aux autres qui contraste avec le rouge vif de ce légume-racine. J'aime la cuire sur un lit de sel, comme pour lui rendre un substrat naturel. Quand on la cuit au four, l'habitude veut qu'on la pique pour en vérifier la cuisson. Un sang végétal jaillit alors d'invisibles artères. Je reste marqué par cette image si peu commune dans le monde des légumes. À l'âge où on la découvre, enfant, dans les cantines d'école, on est loin d'être subjugué par cette chose rouge, un peu douceâtre, qui hésite avec le sucré et qu'on sert avachie dans une salade de mâche. Elle, qui est l'énergie de la terre, la voici soudain très triste. Comme si, méprisée avant même d'être mangée, elle mourait qu'on oublie le rubis dans sa gangue.

La betterave crapaudine
LE RUBIS
DANS
SA

Les plantes sauvages

Les plantes sauvages incarnent l'expression absolue de mon travail sur les énergies du vivant. Quand tu ramasses une fleur ou une plante sauvage, sitôt coupée, tu la vois commencer à dépérir. Aucune réserve d'énergie dans la plante dès lors que l'on a coupé son lien avec la racine. De quoi montrer l'importance du vivant. À Yeu, quand je ramassais des plantes ou des légumes, j'ai toujours été marqué par ce dépérissement, qui s'amorce rapidement après la cueillette. Il me touche profondément. J'ai alors envie de conserver aux mieux les énergies, peut-être parce que je ressens un écho du vivant dans notre corps. On est également constitué d'énergies, et nourrir bien, c'est en préserver la pureté. Une belle cuisine ne peut faire l'impasse du vivant. Le rapport aux plantes repose sur la lente accumulation de savoir sur leurs propriétés médicinales, sur celles qui font du bien et celles qui font du mal, jusqu'aux molécules qui permettent d'élaborer des médicaments. Je suis persuadé que ce que l'on mange décide de notre bonne ou de notre mauvaise santé. Lorsque l'on tombe malade après avoir ingéré des aliments, c'est un coup de chance, au sens où on le constate tout de suite. Les éléments trafiqués avec des additifs ont, eux, des effets pervers car ils provoquent des réactions inflammatoires discrètes pouvant évoluer en cancers.

Les plantes sauvages ont beaucoup à dire sur notre histoire. En les cueillant, je me penche sur l'évolution de la cuisine, laquelle doit beaucoup à nos ancêtres chasseurs-cueilleurs, à leurs apprentissages qui n'allèrent pas sans drames. Je rends grâce à la connaissance humaine qui a répertorié les richesses comestibles et détaillé les utilisations des plantes, poussant les possibilités jusqu'au raffinement.

Cuisiner, à la maison ou au restaurant, c'est prendre soin, l'acte le plus intime que l'on puisse entretenir avec le genre humain, qui dépasse même l'acte amoureux. Quand on est né à la campagne, on a un rapport immédiat, naturel, aux plantes sauvages. Petit, avec ma grand-tante, Marguerite, j'allais ramasser des plantes pour les lapins. On en profitait pour cueillir du plantain, au goût de champignon de couche, mais aussi du pissenlit, des mâches, du petit cresson de terre, de la cardamine, des raphanus (radis sauvages)… On ne faisait alors pas beaucoup de différence entre les plantes qui venaient assaisonner les salades et celles que l'on donnait aux lapins.

Je me souviens encore des menthes aquatiques au bord des rivières ou des cressons. À la campagne, ils témoignaient de ce souci que l'on a de vivre en cohérence avec le biotope. Ils ramènent aussi à l'idée que l'homme se nourrissait de ses cueillettes avant même d'avoir un jardin. La frontière entre le cultivé et le sauvage arrive tardivement. Il fut un temps où elle n'existait pas. Olivier de Serres montre que cette décision de délimiter le jardin par des murs relève presque du politique et sépare les bonnes des mauvaises herbes. L'homme prend la main sur ce qui est dangereux ou non, comestible ou pas, et rejette hors les murs le sauvage. Il faut de la liberté pour explorer. On le voit au restaurant, où les gens formatés, angoissés, ne mangent pas les plantes sauvages et les mettent de côté dans l'assiette. La peur de l'inconnu, qui explique la délimitation des jardins, les retient. Mon rôle en tant que chef est d'offrir des champs ouverts sur les goûts, de montrer que les frontières peuvent s'affaisser jusqu'à la connaissance, et qu'ainsi le monde comme les êtres peuvent être apprivoisés. Parfois, mes plats disent : « Allez regarder au-dessus du muret ! N'ayez pas peur de vous aventurer ! » On brusque le politiquement correct. Mais je ne suis pas fleuriste. Ce n'est pas de la décoration. On est loin, chez *Table*, des fleurs en barquettes qui ont poussé hors-sol en Hollande. Pertinence… sinon abstinence. Le conformisme n'a pas sa place dans ma cuisine.

Avec la menthe aquatique, je propose une tarte au chocolat porcelana. La menthe, devenue lait glacé, apporte de la fraîcheur au chocolat. Dans la même veine, j'aime le myosotis sauvage aquatique de rivière, son pendant cultivé étant, lui, toxique. Le myosotis sauvage offre un goût iodé, proche de la bourrache, et donne l'impression de manger une huître. Avec le lieu jaune de ligne de l'île d'Yeu, c'est l'alliance parfaite. La fleur de courgette, elle, n'est pas sauvage mais en a la fragilité. Elle est tellement belle que lorsque je la reçois, ma première impression est qu'il ne faudrait pas la manger ! Dès que tu commences à la travailler, très vite, elle va faner. La cuisiner lui impose une forme de mortification. Pourtant, à l'instar du vin, on peut à partir de ce chant du cygne toucher au sublime.

Revenir aux plantes sauvages, c'est faire bouger les lignes, passer de la défiance à la connaissance. J'adorerais pouvoir nommer toutes les plantes croisées au détour d'une promenade, de la même façon qu'il est vital de savoir mettre un nom sur un champignon. Je voudrais toujours avoir un ouvrage de Gérard Ducerf ou de François Couplan dans ma poche pour prendre pleinement conscience du potentiel qui nous entoure et découvrir de nouvelles saveurs. Rapporter les plantes sauvages dans une assiette, c'est nourrir l'autre d'un savoir qui sommeille, de propositions qui élargissent la connaissance. Un plat propose des émotions, des goûts et des saveurs parfois inconnus, mais de façon posée, sans quitter les rives du plaisir. On doit rester dans la joie de la découverte, de la gourmandise et du plaisir.

J'aime utiliser le shiso (ou pérille de Nankin), au goût exotique, anisé, étrange pour nos palais. En Asie, on l'utilise depuis longtemps avec les poissons. Il sert d'exhausteur entre terre et mer, apporte un côté iodé, profond et maritime. La plante, très verte, peut se parer de rouge comme les algues. Mais surtout, elle a un effet bactéricide de plus de deux heures sur du poisson cru, temps parfait pour prévenir les troubles digestifs. Chaque plante en cuisine a une fonction curative menacée de disparition s'il n'y a pas transmission. Les plantes apportent leurs saveurs mais aussi de la beauté et de la fragilité aux plats. On s'est toujours nourris de plantes sauvages. Les associer aux mets nous rapproche de ces gestes à retrouver : la cueillette du pissenlit au printemps ou des petites mâches sauvages dans les vignes. Revenir aux plantes, à la cueillette, réintroduit de la sagesse en cuisine.

Je ne pourrais me passer de la vitalité aromatique des plantes sauvages, de leurs pointes puissantes et fortes. Prenons la menthe aquatique. En bouche, on retrouve un cortège de sensations, de goûts, d'infusions, d'impressions, d'imprégnations… On est enfleuré de puissances aromatiques qui dépassent le goût, qui t'emportent vers des rives plus sensitives. À *Table*, quand on déguste le lait glacé à la menthe aquatique, on ne jouit pas d'un sorbet à la menthe, mais de la sensation éprouvée quand on marche au bord d'une rivière et qu'on froisse la menthe du bout du pied. Les odeurs sont comme des touches qui libèrent la mémoire de l'eau qui coule, de la fraîcheur aquatique.

Avec le lait glacé à la feuille de figuier, me voici d'emblée à remonter le soir, tard, des plages de l'île d'Yeu via des sentiers envahis par cette odeur verte et lactée des feuilles de figuier rappelant délicieusement la noix de coco. Cette fraîcheur des feuilles a le don de m'emporter loin. J'aime cette évasion promise par les odeurs et les saveurs. Voilà tout ce qu'offre ce lait glacé à celui qui sait l'écouter. Comme une tubéreuse qui exhale son parfum durant la nuit, ce lait n'est pas un goût, une saveur en bouche, mais une sensation, une fraîcheur ressentie comme telle.

Chacun garde en mémoire ce type de sensation. Sans crier gare, elle nous envahit. On passe de la dégustation à l'expérience d'une sensation qu'un plat fait resurgir. Les personnes la retrouvent ou la découvrent, au gré du vécu.

Le grand coq de Barbezieux

Impossible d'oublier cette première fois où j'ai croisé un grand coq de Barbezieux. C'était chez mon ami Frédéric Ménager, de *La Ferme de la Ruchotte*. Ce coq est un animal incroyable, très haut sur pattes. Son œil d'or est une vraie tour de contrôle qui tourne en permanence à 360 degrés. On dirait que ce géant garde la terre de son regard perçant et que le poids du monde repose sur sa crête. C'est véritablement un personnage de dessin animé, dans le rôle de l'agité, de l'hystérique qui veut tout contrôler, tout diriger. J'avais lu chez Alexandre Dumas, cet amateur de volailles qui cite tout autant le petit coq de Madagascar que le coq de bruyère, qu'il avait goûté un grand coq vierge de Barbezieux. C'était la meilleure volaille qu'il ait mangée. J'en ai parlé à Frédéric Ménager, qui m'a confirmé qu'au XIXe siècle on élevait de grands coqs seuls, dans des enclos, de façon à les préserver de tout contact. Dumas a trouvé un surnom unique à ce grand coq vierge, « le célibataire de nos basses-cours ». On l'engraisse beaucoup, si bien qu'il gagne la volupté de la chair d'une poularde alliée au caractère et à la puissance de goût du coq. Là est le miracle : arriver à mêler harmonieusement les deux. De la crête au bout des pattes, tout est exceptionnel. J'ai été conquis par la richesse du goût, miroir de la complexité de ce coq en état de vigilance absolue. Aux aguets pour sauver jusqu'à la dernière de ses plumes, il est l'heureux survivant d'une espèce ancienne menacée d'extinction. La joie culinaire aussi a ses Atlantides…

Les couleurs

La couleur, c'est la vie. Il faut des couleurs sublimes qui soient le contraire de la mort. Chez les animaux, avant même le langage, elles sont le premier élément de séduction. Je l'ai vu chez les volailles de variétés anciennes, chez les grands coqs vierges de Barbezieux, les gauloises dorées, celles de La Flèche, les coucous de Rennes et du Mans. Les couleurs sont la vraie parure du vivant. Je ne me lasse pas de celles des dorades royales, des dorades roses, des petits rougets, de leurs subtiles vibrations. Ni de la transparence des radis glaçons, de celles de certaines carottes, des tomates ananas, des betteraves coucher de soleil, aux couleurs célébrant la fraîcheur du vivant. Il serait impensable de dénaturer ces teintes fragiles. La cuisine doit leur rendre hommage. Pour moi, la couleur est directement liée aux vibrations énergétiques des produits. Si on la perd, je suis inquiet car je ne m'y retrouve plus. Les ternir ramène à la morbidité, qui est contraire à la mise en appétit et au plaisir.

Au fil du temps, mon goût pour l'art a formé mon regard, m'a guidé dans les associations pour savoir composer des couleurs vibrantes dans l'assiette, sentir comment elles se renforcent ou créer une structure éclatante qui ouvre le chemin vers les saveurs. Si le premier rapport avec la cuisine d'un chef passe par les mots écrits sur sa carte, le second naît dès l'assiette posée. Si l'on voit arriver des couleurs très pures, très belles, aux énergies harmonieusement combinées, la mise en appétit ne peut que fonctionner. L'œil joue beaucoup dans le désir d'un plat et le conditionne, il donne l'opportunité de mieux découvrir ses saveurs et prépare à la digestion.

Les petits pois Lincoln, de variété anglaise ancienne, sont du plus beau vert. De minuscules larmes vert fluorescent. Il est inconcevable de trop les cuire. Savoir observer les produits dans leur milieu naturel, dans ce qu'ils sont avant même d'être cuisinés permet de conserver ce qu'ils ont de vivant. Ces petits pois, je leur laisse prendre doucement la température d'un beurre demi-sel au fond d'un sautoir. Dès que le beurre commence à peine à fondre, les petits pois retrouvent un confort proche de leur gousse, ils sont prêts à être mangés. Hommage est rendu à leur énergie, à leur beauté par un réchauffement qui tient plus d'une mise à température de la bouche que d'une cuisson. Ma cuisine repose souvent sur ce jeu des homéothermies entre le produit et le palais. Au final, mes petits pois mis en scène prennent une robe de beurre, comme un tableau se pare d'un glacis.

L'alliance des couleurs vient spontanément. Elle ne peut être ratée ; il importe juste de ne jamais passer en force, que la gastronomie demeure dans l'élégance. Quand tu es dans la délicatesse, l'intention est belle, le résultat ne peut être qu'à l'avenant. C'est une question de progression, qui se fait par petites touches, même si on ne fait pas des œuvres d'art mais des plats que l'on a envie de manger. J'ai remarqué que la belle nourriture laisse toujours un fond d'assiette harmonieux. Une fois le plat terminé, les couleurs forment un mélange étrange mais flatteur pour celui qui les a associées. Une assiette moche le restera. Elle gardera ce côté morbide, un peu sale – sans même parler du mauvais, du négligé, cette cuisine presque malveillante, où l'on sent, dès la première bouchée, qu'elle ne va pas nous faire du bien. Un palais un peu éduqué verra dans un hamburger l'échafaudage bourratif et les sauces à l'emplâtre. L'élégance, la subtilité ne relèvent pas du maniérisme, mais du respect des produits bien nés. Voilà pourquoi même le squelette des couleurs doit se tenir et l'ombre rester belle. L'empreinte n'est-elle pas le sceau de la matière ?

Quand je prépare une assiette de tomates, taillées en fines tranches, le travail sur les couleurs est essentiel. Je mêle tomates ananas, cœur de bœuf jaunes et green zebra, liées par une huile à peine vanillée, puis je sème des baies de cassis, un trait d'huile de feuilles de figuier, et termine par de l'aneth, du basilic pourpre, des fleurs d'achillée et de mauve. L'été arrive dans l'assiette ! Ces petites plantes, elles auraient pu pousser autour des tomates du potager. Le naturel guide la main. Les teintes de ce plat sont magnifiques : le jus des tomates, la transparence des chairs rouges, jaunes, vertes et roses, le vert tendre de l'huile, le violet profond du cassis, la rencontre de l'aqueux et de l'huileux qui forme des perles… l'œil se repaît de tant de beauté. On est enclin à y tremper un morceau de pain, les grains de sel accrochent alors la mie et l'essence de cette salade de tomates se concentre dans ce dernier petit morceau gorgé de vie. Se nourrir, c'est repartir en ayant fait le plein d'énergie.

Je n'ai jamais goûté un plat délicieux dont les couleurs ne soient pas belles. Bien sûr, il y a des tonalités plus compliquées : les noirs, les bruns, le brunâtre qui doivent fuir la morbidité… Prenons un plat d'automne, le lièvre à la royale. L'odeur, assez faisandée, est fortement présente ; on est loin de la vigueur d'un légume, de la fraîcheur d'une tomate juteuse ou d'une petite langoustine vivante juste snackée, à la nacre de chair translucide. Les fumets du lièvre rappellent, eux, la venaison, la chasse, l'automne qui s'enfonce dans l'hiver. Avec ce plat, on repart sous la terre… Ces couleurs sombres et terreuses évoquent moins le vivant. Pourtant, quand un lièvre à la royale est réussi, ses bruns presque noirs prennent des éclats magnifiques, laissent apparaître des glacis très profonds. On est dans l'atelier de Brueghel l'Ancien, aspiré par ses bruns rougeoyants, ses éclats de lumières de vie à l'intérieur même de l'ombre. Quand le plat est raté, ce sont des noirs mats un peu poisseux que l'on a dans son assiette et qui ôtent toute envie de manger.

La haute cuisine doit se tourner vers la beauté absolue. Marie-Antoine Carême, architecte et pâtissier, me fascine. Il était surnommé, à juste titre, « le roi des chefs et le chef des rois ». Carême a montré qu'on pouvait élever la cuisine pour en faire un chef-d'œuvre de construction et de beauté. Son apport est décisif dans l'histoire de la cuisine. Ses pièces pâtissières, de par leur génie architectural, ouvrent la voie au plus prometteur du salé. Il m'a inspiré pour mon pithiviers. On le sert à *Table* en automne, il est le chaînon gourmand vers la pâtisserie, une prouesse d'architecture gustative, tout en élégance. Si on l'aborde comme un maçon, en le bardant de murs et de cloisons, il devient indigeste de sophistication. Il faut au contraire le vouer au plaisir des sens. Les yeux admirent cette tour de Babel, le croustillant sous la dent enchante les oreilles… On rejoint cette veine qui est aussi celle des pâtés en croûte, des pâtés chauds, œuvres à part entière. Sur le versant des couleurs, on est dans la célébration d'une beauté enluminée, faite de jaunes oxydés, dorés, de bruns réchauffés de rouges et de noirs subtils.

Ce pithiviers m'a littéralement obsédé. Peut-être parce que sa construction et sa finition m'ont profondément relié au quartier du faubourg Saint-Antoine qui entoure *Table*. À Paris, c'est le quartier des ébénistes. Le pithiviers emprunte au classicisme ; tout en lui rappelle la patine du bois de palissandre. Cet esprit ébéniste, qui est l'ADN du quartier, a imprégné la signature de mon pithiviers. En effet, je le décore de trois feuilles de ronce pour rappeler le côté sauvage, les ronciers et les buissons dans lesquels se cache le gibier – soit le contraire des feuilles d'acanthe du mobilier royal. Je les trace au couteau sur de la pâte avant de les dorer à l'œuf et au safran.

Sa construction est singulière : sans mur ni cloison ni plafond… et sans farce. Un système de cuisson à l'étouffée, comme dans celle d'un four paléolithique où ce qui est en haut enrichit ce qui est dessous. Sur les bords de mer, on pratique encore ces grands feux sur pierres. Au fond, les grosses pièces, tel le gibier, puis on ajoute des crustacés pour finir par des herbes, des légumes et des morceaux un peu gras couverts de feuilles. Au sommet du pithiviers, le foie gras vient nourrir le suprême de grouse, de perdrix ou de pigeon, tandis qu'en dessous les éléments aromatiques (chou, menthe) imprègnent champignons sauvages et aubergines. Les jus enfleurent le pithiviers tout entier et gorgent les légumes. C'est ainsi qu'il est bâti, sans aucune farce qui le cimenterait, pour garder énergie et légèreté. La découpe révèle la douceur de la palette automnale…

D'autres couleurs signent l'identité de *Table*, telle notre huile de feuilles de figuier. Son vert irradiant me touche particulièrement. Cette huile étant une pierre précieuse liquide, on fabrique en saison de véritables émeraudes. Elle laisse des traces magnifiques de haute joaillerie, tandis que sa saveur rassure par le goût de coco des lactones. Avec elle, j'ai dérobé son âme au figuier, la fraîcheur délicieuse de son ombre. Le plat peut alors jouer des combinaisons sophistiquées qui rafraîchissent le palais.

Je fais de ces huiles parfumées une utilisation très particulière. Elles sont comme les thermostats du plat qui décident des températures. Certaines d'entre elles vont rafraîchir, d'autres réchauffer. Dans le cas évoqué du chipiron juste tempéré au beurre qui sort à température du palais, je joue avec la glace et le feu. L'huile de pimentón, à l'orange incandescent et aux notes pimentées, est mon feu. Il va à la rencontre de l'huile de feuilles de figuier, qui rappelle l'ombre succédant au soleil et apportant, par contraste, de la fraîcheur. La balance des deux huiles offre l'illusion de la cuisson. Ce jeu subtil d'une huile condiment feu et d'une huile condiment froid est ma façon de cuire sans cuire, de souffler le chaud et le froid… Ces huiles parfumées font partie intégrante de ma palette, elles sont au service de l'illusion des cuissons, elles me servent à respecter la délicatesse des textures et à sublimer les couleurs des plats. En somme, elles sont ma peinture à l'huile.

L'encornet

Si je devais faire l'éloge de la beauté miniature, sans hésiter, je choisirais l'encornet. En Espagne, la tradition est de les capturer à la canne à pêche, de fin juin à fin juillet. On soutire alors aux flots ces petits trésors, qui, tout développés, font dans les quatre, cinq centimètres. Je me revois, à 35 ans, découvrir avec émotion les chipirons au Pays basque espagnol, à Getaria. C'était chez *Elkano*, un restaurant devenu célèbre. On nous les montrait à table comme un trophée car ils sortaient tout juste de l'eau. Des taches circulaient sous leur peau camouflage, semant çà et là des orangé brun et des teintes marines au vert-bleu subtil. Une fascination pour l'œil. À l'égal d'un test de Rorschach, ce sont soudain des papillons, des algues, tout un monde qui se crée par tachisme. Il y a quatre ans, le hasard a fait que j'ai pu en avoir chez *Table*. Je les ai longuement observés. Jusqu'à comprendre que je devais les travailler comme s'ils prospéraient en bancs, en pleine mer, et que j'en avalais un par mégarde en nageant parmi eux. À peine tempérés dans du beurre clarifié, ils font partie de ma série des mi-crus-mi-cuits et donnent l'impression de gober le vivant. Pour eux, j'ai fait du sur-mesure : je leur ai fabriqué, à l'aide d'huiles parfumées, de quoi susciter leur ballet chromatique. Mon huile de pimentón, très pimentée, très orangée et un peu brune, a servi d'illusionniste pour retraduire les grains de leur peau. Mon huile de feuilles de figuier ou de persil toastée, entre vert émeraude et vert abyssal, a complété le tableau. Alors, au fond de l'assiette, s'est mis à nager le rêve de garder vivante et vibrante la beauté.

Si je devais faire l'éloge de
L'encornet
Une fascination pour l'œil. Une œuvre moderne
vert bleu subtil
vert abyssal
Ballet chromatique
Des taches circulaient sous leur peau
des orangés bruns et des teintes
marines

Le geste

Le geste est la source de ma disruption en cuisine. Y réfléchir m'a permis d'inventer une autre façon de faire la cuisine. L'explication en est toute simple. À l'origine, je suis un cuisinier amateur qui pratique la cuisine comme une ménagère mais sans faire mijoter les plats au four ou dans de grandes casseroles. Très vite, il m'a fallu optimiser les cuissons sur une toute petite surface pour préparer à la minute plusieurs plats en même temps. Cela m'a forcé à être créatif car j'ai dû optimiser au maximum mes gestes. Dans un espace exigu, chaque geste doit produire du sens. Pas de place pour le geste inutile qui ruinerait la cohérence. Chaque action est raisonnée. Ce qui semble évident… mais ne l'est pas du tout quand il faut passer à l'acte.

Ainsi, quand on coupe un poisson cru, on ne le dispose généralement pas directement dans l'assiette, mais sur une planche, à côté, après l'avoir taillé. Ce qui n'a pas de sens puisque la finalité d'avoir taillé du poisson cru est de le mettre dans l'assiette. En ne le déposant pas directement dans l'assiette, le coût en termes de temps est doublé. Chez *Table*, la cuisine s'exécute en direct et à la demande, comme au théâtre. Le temps de mise en œuvre est capital car je dois produire rapidement les plats pour mes clients.

Quand on manipule un produit, par le toucher, l'oxydation et l'écrasement, on lui ôte de l'énergie. Or, ma cuisine est fondée sur l'énergie des produits. Tout geste acquiert une portée double : il doit rester pur pour ne pas altérer l'énergie des produits, mais également pour ne pas augmenter les temps de mise en œuvre de chaque assiette. Ce qui revient à une forme de taylorisme intelligent en cuisine. Je remarque souvent, dans la gestuelle des cuisiniers, une succession de gestes qui ne servent à rien. Comme lorsqu'on fait la vaisselle : la poser sur un plan de travail avant de la mettre au lave-vaisselle prend deux fois plus de temps que de l'y disposer directement. Dans une cuisine de l'instant, faite à la minute, à la commande, chaque geste doit concourir à ne pas altérer les énergies des produits. C'est là l'essence de ma cuisine. Quand j'étais cuisinier amateur, à la maison, je ne cessais de m'interroger sur l'optimisation de l'espace réduit qu'offre une cuisine d'appartement. Je cherchais à faire de la haute cuisine avec des moyens minimalistes. Mais surtout, vis-à-vis des invités, il était inenvisageable de passer le temps d'un dîner à faire la cuisine. C'était ma gageure : consacrer plus de temps à table avec mes convives qu'en cuisine. Au fil du temps, j'ai mis en place des solutions concrètes pour optimiser le temps de travail, au bénéfice de la qualité de l'assiette, de façon à lui conserver tout son vivant. Dans le geste, on distingue une part technique qui apporte des solutions pratiques. Ainsi, quand je tourne un artichaut à la minute, je travaille avec un rasoir à légumes pour préparer le pied d'artichaut en le dégrossissant. Je taille le pied sans perdre trop de temps, de façon élégante et moins technique qu'avec un couteau. Un espace restreint m'a conduit, par ailleurs, à l'intelligence de la cuisson multiple. Lorsque je travaille des petits légumes au sautoir, j'associe les mêmes tonalités de couleurs, des jaunes, des orange par exemple, pour qu'elles ne déteignent pas les unes sur les autres. Je les cuis en fonction de leur gradient de cuisson, en commençant par ce qui met le plus longtemps à cuire. Petit à petit, j'intègre dans le sautoir des légumes qui ont besoin de moins de temps de cuisson. Quand tout est cuit, je finis par les plus délicats, comme les têtes d'asperges ou les petits pois. Je leur fais juste prendre la chaleur et la vapeur des autres légumes. Il faut comprendre le besoin de cuisson de chacun des ingrédients. Alors, de façon simple et économe en temps et en moyens, on cuit les produits en gardant leur qualité, sans saturer l'espace en cuisine.

En plus de l'efficacité, l'harmonie du geste compte beaucoup. La beauté d'un geste, sa technicité, la précision dans le maniement de l'outil, le déployé d'un mouvement doivent nourrir une harmonie générale. Quand on conduit une cuisson ou une découpe, la beauté qui nous habite suscite un état général. Un geste beau et cohérent produit du sens quand on travaille. Il est directement relié à une harmonie intérieure et à une pensée positive. Si ce n'est pas le cas, le risque est grand d'être en rupture de geste. Un couteau peut nous échapper, on peut se couper, faire tomber un plat... Il faut être habité d'une beauté intérieure et d'une envie de donner de l'amour pour qu'il y ait cette harmonie des gestes, laquelle déterminera le résultat final.

Chez *Table*, on est dans une cuisine ouverte, une chorégraphie naturelle des gestes est donc nécessaire, rien ne doit être brusqué, chacun doit minimiser les bruits incidents et déplaisants. Une plaque de métal qui glisse, une casserole qui heurte le fourneau ou le piano, un couteau qui tombe sont plus que des bruits parasites pour la salle : ce sont des sons méprisants pour la cuisine conduite.

Au restaurant, je fais la chasse aux gestes perdus et j'invite à l'harmonie. Cette économie des gestes revient à travailler en conscience, à sans cesse s'interroger sur ce que tu fais, comment tu le fais et pourquoi tu le fais. Ces questions sont également utiles dans notre rapport aux fournisseurs. La règle élémentaire de *Table* est le refus de passer des commandes à nos artisans. C'est une règle fondamentale pour ne pas modifier leur biotope et leur écologie. Je leur dis toujours : « Envoyez-moi ce dont vous disposez, dans la quantité disponible et quand vous estimez que le produit est formidable. » Ce qui nous permet de recevoir au quotidien des poissons, des volailles ou des viandes nouvelles. Chaque jour, ils sont différents. En conséquence, je crée sans cesse une carte nouvelle. Cette mécanique, implacable, interdit la routine. L'habitude n'est jamais habitée de sens et la cuisine ne peut exister à un haut niveau si le sens n'est pas au cœur des préoccupations.

Une fois, j'ai eu un cuisinier coréen qui, à l'issue d'un service, a demandé à me parler. Il avait l'air soucieux de celui qui va m'annoncer une mauvaise nouvelle. « Je ne vais pas pouvoir continuer à travailler avec vous, m'a-t-il lancé. La cuisine de *Table* est trop compliquée, trop difficile, trop exigeante. » Je lui ai demandé de m'en dire davantage. « On ne sait pas si on doit mettre une noisette écrasée ou une pistache concassée sur un plat », m'a-t-il donné en exemple. Il attendait des recettes, des fiches techniques. Je lui ai expliqué l'esprit de *Table*. Que ce qui m'intéressait était d'avoir un croustillant sur un plat à un moment, une texture qui vienne provoquer du croquant et qui libère une petite huile à la mastication. Si j'ai une noisette sous la main, je prends une noisette, si j'ai une pistache, ce sera une pistache. Là n'est pas l'important, il s'agit juste d'obtenir ce croquant et un léger huileux oléagineux. Ce qui amène à décloisonner, à casser une routine, à comprendre le sens plutôt qu'à se fixer sur une pesée, du type 22 grammes de noisettes à parsemer sur du pigeon. Du coup, il a acquiescé d'un : « Ah ! d'accord ! » Et il est resté. La noisette était le petit caillou dans sa chaussure alors qu'il suffisait de réfléchir à ce que l'on voulait obtenir au final, au « pourquoi » plus qu'au « comment ». Avec seulement quelques grammes, personne n'aurait pu identifier si c'était une noisette ou une pistache. Alors que jouer sur des textures agréables, apporter du relief à la cuisse un peu confite du pigeon permet d'apprécier les saveurs.

La conscience est l'antidote de la routine. Je déteste les routines et les habitudes, ce que j'aime, ce sont les rites. Les manies sont l'abandon de la pensée quand les rendez-vous, les célébrations produisent du sens. La cuisine professionnelle a le tort d'avoir installé des mécaniques qui ont fait abandonner la pensée. Le geste, lui, naît de l'élan de la pensée, et la réflexion est une forme de geste. La cuisine a beau être considérée comme un métier manuel, il ne peut y avoir de différence entre l'intellectuel et le manuel. C'est une escroquerie car si tu ne penses pas véritablement, tu ne peux être manuel. Aristote ne disait-il pas : « Est doté de la *main* celui qui est doté de l'*intelligence* » ?

Je tâche de mener ce travail auprès des jeunes accueillis à *Table*, de les remettre en état de penser. Leur inculquer le nom des produits et des parties est certes indispensable, mais j'essaie surtout de leur transmettre la fierté du bel ouvrage. Leurs gestes témoignent d'un apprentissage, de l'acquisition de compétences et d'expertises, guidés par le sens et la beauté. Si je prends l'exemple de la découpe du poisson, toujours à la minute, on voit combien il faut l'ajuster aux envies et aux saisons. L'hiver, les morceaux doivent être un peu plus gros, pour obtenir plus de mâche du poisson. Quand je fais la cuisine, je me mets dans la position de celui qui mange parce que je suis un mangeur avant d'être un chef. Lorsque je produis une assiette, elle n'est jamais anonyme, mais habitée par l'amour que je porte à l'autre et au produit. Je prends en compte l'instant présent et réfléchis, comme pour moi-même. S'il fait très chaud, j'aurai envie de plus de liquide autour de mon poisson cru, ma garniture sera une eau de tomate assez pimentée car le feu du piment rafraîchit. Là est le paradoxe, de jouer sur une homéothermie pour que le feu du piment gomme la chaleur.

Je vais vouloir un poisson qui glisse dans l'eau comme une petite truite de rivière. Le geste sera doux, rapide, précis, pour couper très finement des lamelles, comme un sashimi. Elles vont nacrer sous la lame du couteau, très aiguisée, et se mettre à briller. En hiver, on aura au contraire plaisir à retrouver une texture et du croquant. Je détaillerai de gros cubes de poisson, l'assaisonnement sera plus riche, plus complet, plus enrobant. Au printemps, cet assaisonnement sur le poisson reposera sur le croquant des végétaux. Sur la viridité des plantes, leur énergie fringante et puissante, un peu marine, parce qu'en cette saison tout pousse. Les belles dorades ont alors des goûts presque végétaux parce qu'elles se nourrissent de bourgeons d'algues. De là ce côté légumier et végétal du poisson qu'il faut aller chercher. En hiver, les poissons sont plus riches et plus gras. Je les assaisonne avec des condiments tels que des rémoulades, à l'onctuosité marquée.

Le geste du cuisinier brosse le paysage d'une saison. Il est sensible au jour, au soleil, à la pluie et même à l'ombre. Lors des grandes averses, on a envie de retrouver des goûts d'herbes mouillées, froissées. Quand on pêchait des truites, je me souviens de cette façon qu'on avait de les garder au frais sur des herbes coupées. Je connais un pêcheur qui leur prépare un vrai lit de fougères, véritable nid de verdure au fond de la bourriche. C'est une transition naturelle, une marque de respect. Les poissons de mer, eux, sont parfois déposés sur de la laitue de mer et du goémon. Mes gestes perpétuent cette attention. Ils célèbrent la beauté d'un monde que tout menace.

La framboise

Si un souvenir me ramène à ma petits enfance, c'est bien celui de la framboise. La mi-août arrivait et on allait ramasser les framboises sauvages dans les bois, au-dessus de Renaison. Immédiatement me revient à l'esprit leur couleur, très pourpre, très profonde, comme si le rouge framboisé s'imprégnait de la pénombre des bois. Ces petites lumières tamisées veillaient, tapies sous le manteau épais de la forêt. Elles avaient une maturité incroyable, une manière de concentrer les parfums à la façon d'un élixir. Un goût inimitable qu'on retrouve vaguement dans la confiture de framboises. Je ne sais si ces buissons enchantés existent toujours dans les bois. Au restaurant, je n'ai jamais reçu de framboises sauvages. Je rêve pourtant de retrouver leur odeur où le fruit conspire avec la forêt, de renouer avec leur saveur où leur timidité se fond dans l'ombre pour concentrer les arômes... Avec mes parents, on en faisait bien sûr des confitures. Le divin parfum de framboise cuite embaumait la maison. C'était enveloppant et doux, acidulé et gai. La texture en était étonnante, d'une sensualité nappante, tandis que les akènes venaient soudain croustiller pour m'émoustiller. À l'époque, j'aimais croquer un morceau de chocolat noir avec ma tartine de confiture à la framboise. L'accord était étrange. Aujourd'hui, je ne pourrais dire qu'il fait partie de mes associations préférées. Mais un nouveau mystère règne dans cette rencontre de l'animalité du chocolat et de la douceur de la framboise. J'y retrouve sans doute l'ombre insondable des bois.

La Framboise
leur couleur, très pourpre
leur odeur où le fruit conspire avec la forêt
doux
et gai
acidulé
akènes
chocolat noir
leur timidité se fond dans l'ombre
leur texture en était étonnante, d'une sensualité

La précision

La précision, c'est la politesse que l'on doit au produit. Rien que le regard qu'on pose sur un très beau produit relève de la précision. On l'ausculte, on l'évalue, on mesure le chemin à parcourir pour le respecter. Le traiter comme il le mérite passe par la compréhension de ce qu'il est, de ce qu'il promet. Face à une qualité d'exception, première question : que vais-je en faire ? Quand je reçois, par exemple, une volaille ancienne, j'observe sa conformation. Une poularde de Barbezieux de Frédéric Ménager, de *La Ferme de la Ruchotte*, est regardée à *Table* sous toutes ses coutures, dès son arrivée. Est-elle sèche ? Un peu grasse ? Comment sent-on ses muscles ? A-t-elle un peu de couverture sur les suprêmes ? De ces observations va se profiler un portrait. Je vais très vite sentir si c'était une grande sportive, une finisseuse, le genre qui, à la course, passait le ruban en premier dans les champs ou si, au contraire, c'était une poularde plus lascive, aimant traîner dans sa cabane et picorer. Avec ces variétés très bien élevées, on a affaire à chaque fois à des individus, à des êtres vivants dont on retrace l'histoire et la vie pour les cuisiner avec la précision du regard, avant même de songer à les cuire. Ce regard va servir au mieux cette volaille en s'ajustant à son vécu pour la rendre la plus délicieuse possible.

Une poularde un peu grasse, je vais avoir envie de la mettre dans une rôtissoire pour une diffusion douce et lente des gras qui va aromatiser les chairs, avec des herbes sauvages pour la farcir. Ainsi, elle finit son existence dans la douceur constitutive de sa vie. Elle a vécu tranquillement, elle a fait un peu de gras, je lui offre en retour un confort de cuisson. Une autre, plus tendue, plus nerveuse, mérite un traitement qu'on pourrait appeler « au sauna » pour lui redonner de l'humidité, qu'elle se détende, qu'elle soit massée par les vapeurs.

Côté poissons, même si tu as deux bars de ligne sortis en même temps de l'eau, pris par le même pêcheur, quand tu les découpes, leur tempérament s'affirmera. Si la chair est ferme et transparente, les huiles essentielles brilleront et nacreront le bar. S'il a été malmené, ses chairs, plus fragiles, s'émietteront. Il faut en tenir compte lors de la découpe. Cette précision du regard fait partie intégrante de la belle cuisine. De plus, la qualité transfigure le produit. De la même façon qu'une chaussure n'est pas un soulier, une grande volaille n'est pas un poulet. Un très beau bar de ligne, ce n'est pas un simple poisson. Chacun doit recevoir une attention particulière.

Le souci du détail et la précision du regard sont les deux impératifs du cuisinier, impératifs qui s'appliquent à l'identique pour un légume et nécessitent un toucher conscient et délicat, qui restreint les gestes pour ne pas perdre l'énergie vitale des produits. Trop les manipuler, c'est les maltraiter. Toucher doit être utile. Le geste doit aller directement à son but : on coupe, on pose. Si un morceau ne se cale pas comme imaginé, rien de grave, le pire serait l'obsession du placement.

On l'aura compris, l'œil est le premier guide dans le respect d'un produit puisqu'il oriente la découpe. Puis vient la précision des cuissons. Quand on travaille une viande ou un poisson, elle ne pardonne pas. Ce qui semble une évidence ne l'est pourtant pas. Je dis souvent qu'un poisson est mort pour rien s'il a été trop cuit. Une fin irrespectueuse. Un cuisinier doit savoir se tenir en retrait et faire confiance à son oreille. Le chant de la cuisson raconte une histoire. Quand tu cuis un ris de veau dans du beurre clarifié, il faut guetter le frisson du beurre. Chez *Table*, j'apprends aux jeunes cuisiniers à le cuire « à beurre chantant », à rester constamment à l'écoute de ce petit *staccato* rapide mais délicat, ce son de clochettes très léger… Dès qu'il force, qu'il « bloblotte », la cuisson est fausse. Le ris de veau n'aura pas la grâce de cet intérieur soufflé comme une quenelle et d'un extérieur croustillant qui donne le plus jouissif des contrastes.

Pareil pour les légumes. Je débute la cuisson avec un fond de beurre et d'huile d'olive, mouillé d'un peu d'eau minérale gazeuse, puis je rajoute de l'eau au fur et à mesure car elle apporte des transparences très belles sur les légumes – c'est le principe de la carotte Vichy. À l'oreille, si on ne met pas d'eau, on entend la préparation qui commence à frire. Catastrophe ! Le gras, brûlant, agresse le légume. Or c'est exactement le contraire qui est visé : le gras doit venir enrober le légume, le nourrir et le protéger, l'eau amener dans le sautoir une cuisson à la vapeur par petites touches successives. À trois mètres, l'œil du chef doit pouvoir exercer sa vigilance et l'oreille surveiller la cadence. C'est le produit qui envoie l'information, qui dit si une carotte est parfaitement cuite, si un poisson se détachera en pétales ou si une viande montrera toute la tendresse dont elle est capable.

Le sucré n'échappe pas à cette règle. C'est à nouveau l'œil qui renseigne sur le degré de cuisson du caramel pour la tarte aux pralines. Sur le bord de la casserole, la texture change, un crémeux blanc se forme qu'on recentre à la spatule ou à la maryse. À ces signes, on sait que les températures sont acquises et que le caramel est prêt à être coulé sur la pâte à tarte. Quand l'œil est rodé à ce point, on devient soi-même son propre thermomètre, ce qui conduit à mettre en avant les saveurs dans tout ce qu'elles peuvent avoir de précis. Pour parfaire le plaisir, les températures de dégustation sont également essentielles.

La précision ne serait cependant rien sans la rigueur des assaisonnements. Combien de gens ajoutent du sel et du poivre sans même goûter le plat au préalable ? Pour ma part, j'assaisonne peu les légumes, m'en remettant à la précision des saveurs. Les sels minéraux que les légumes contiennent naturellement offrent déjà un éventail de saveurs. Quand on assaisonne beaucoup, on force les goûts, on perd en acuité. Il faut respecter les minéralités des produits. Corser, c'est réduire le champ gustatif. On opte pour la puissance mais on ferme l'éventail, on perd la palette gustative qui irradie le palais. Chaque bouchée est une promenade autour du produit, telle une grande farandole qui t'emmène ailleurs. Ce qu'on n'obtiendra jamais si on éteint la délicatesse.

Les légumes, je trouve qu'ils s'expriment mieux tièdes que chauds. Certains produits, dégustés à la température du palais, gagnent en intérêt. Je reprends l'exemple du plat emblématique de *Table*, mon homard tempéré au beurre clarifié. Je le tempère à 40 °C, pour le servir à 37 °C au moment de sa dégustation, en homéothermie avec le palais. La précision est ici extrême, à l'égal d'un funambule sur son fil. J'ai conçu ce plat sur un leurre. Je mène la dégustation sur des rives détournées. Mon homard est en principe cru.

Je le passe une minute au four vapeur à 100 °C pour pouvoir le décortiquer. La texture idéale du homard serait le cru, ce qui transporte d'emblée dans un contexte japonais de type sashimi qui n'est pourtant pas souhaité. Cette connotation n'est pas dans notre culture. Elle brusque nos repères de saveurs et de textures. On est alors plus perturbés qu'heureux.

Quand je fais la cuisine, je ne veux que régaler les gens, non les dérouter. La surprise ne consiste pas à les perturber. La transposition des connaissances doit rester au service de la dégustation et du plaisir. Je suis pour une cuisine de la translation – non de la déstabilisation. Mon obsession reste la saveur ultime. En bouche, le mangeur doit toujours s'y retrouver, être pleinement heureux de manger. La cuisine est faite pour rassurer, non pour égarer. J'ai ce côté maternel avec mes clients. Ce qui ne signifie pas pour autant qu'on ne puisse pas sortir des zones de confort. Mon homard en est la preuve. Je le fais manger presque cru sans le dire. Si tu veux franchir un gouffre avec juste l'aide d'une corde, il y a peu de chances que tu triomphes de ta peur. Mais si on double la corde pour que tu puisses aussi poser tes mains, tu accepteras mieux l'inconnu. Voici ce que je vise : toujours tenir la main de la personne qui m'accorde sa confiance, ne pas la laisser livrée à elle-même en territoire inconnu. C'est la saveur du beurre qui tient la main de mon mangeur dans le cas du homard. Elle assure au cerveau que le homard est cuit car le goût délicieux du beurre, à température du palais, permet d'approcher le homard cru en le faisant passer pour cuit. Je libère l'esprit d'une appréhension pour l'entraîner plus loin. Il peut se focaliser non sur la crudité, mais sur l'incroyable sensualité. Preuve en est faite qu'un plat phare doit rassurer.

Nourrir l'âme peut, parfois, avoir des effets bien plus puissants, bien plus profonds que simplement celui nous sustenter…

L'hippocampe

L'hippocampe est un rêve éveillé. Je me souviens de lui comme d'une apparition. Quel drôle de souvenir ! En le voyant surgir, l'enfant que j'étais avait gagné mieux qu'un tour de manège. J'étais alors petit – et à la pêche aux crevettes. Avec mon père, on farfouillait le dessous des algues à l'île d'Yeu, vers la plage des Sapins. Au milieu des élégants crustacés aux longues pattes diaphanes, il arrivait que l'on trouve, dans l'épuisette, un être étrange, encore plus timide que moi, au nom bien campé sur ses jambages : l'hippocampe.

Face à mon excitation sans nom, je sentais ce singulier poisson profondément surpris. J'étais subjugué par ce cheval de mer dont la queue s'enroulait comme les bras d'une lyre. À l'époque, on en trouvait encore. J'étais tellement heureux de l'avoir capturé que, honte à moi, je l'avais fait sécher au soleil. Il est vrai qu'on se souciait alors peu de la nature et qu'on les gardait comme des trophées. Aujourd'hui, les hippocampes sont braconnés et leurs cornes de lyre réduites en poudre pour fabriquer de supposés remèdes.

Dans ce livre, l'hippocampe ne finira dans aucune recette. Il est mon emblème du vivant, mon ode au berceau de la vie. Je rêve qu'on retrouve beaucoup d'hippocampes dans la mer. Qu'on réalise combien elle est nourricière, pleine d'énergie et de beauté. L'hippocampe est le fusible de la nature. S'il disparaît, c'est qu'il est temps de mettre un frein à notre inconséquence comme à notre avidité. Avec sa queue en forme lyre et sa bouche évoquant une trompette, il est le musicien de la mer, une grâce qui tient du miracle. Dans ces lignes, je le vois comme un sceau de vérité, la monture idéale pour continuer à chevaucher nos rêves.

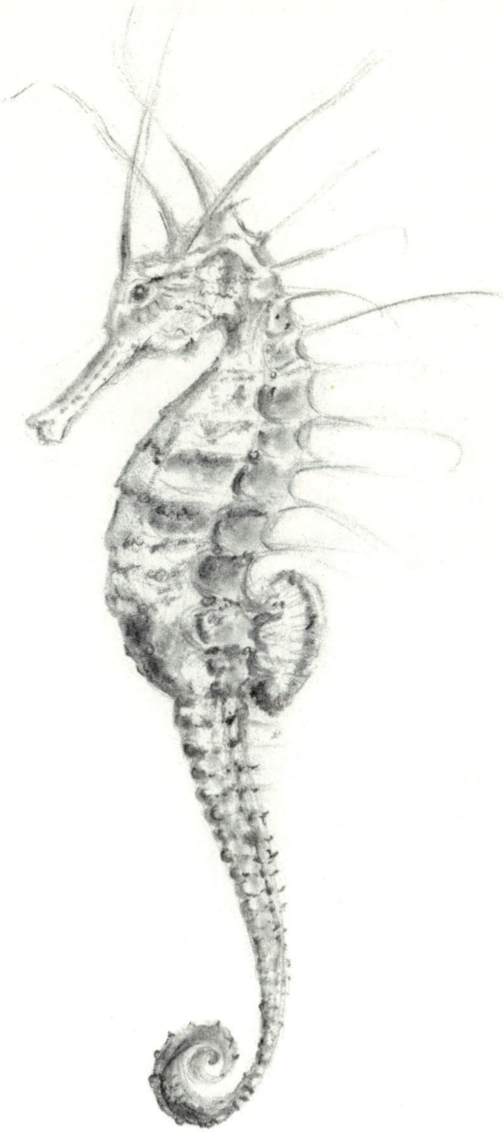

L'harmonie

Il ne peut y avoir de fausses notes quand on travaille en confiance et en conscience ses produits. C'est une question de rapport à sa propre cuisine. Je la vois comme un état de concentration absolue. Quand je cuisine, je me mets en état d'abstraction. Je suis le feu, la casserole, le beurre et le légume en même temps, comme si je me cuisinais moi-même. Réduire la distance entre ce que tu penses faire et ce que tu fais, là est le secret de la belle cuisine. Ce qui me rappelle un ami violoncelliste. Il fait ses gammes tous les jours pour que la musique qui sort de son instrument soit le parfait miroir de celle qui hante son esprit. Entre les deux, rien ne doit faire écran. Sauf qu'il y a la main, l'instrument, le geste. Les deux paysages doivent se fondre, ce qui exige une virtuosité surhumaine. Le surhumain n'est pas pour autant le divin. Il est juste le visage de l'exigence. La vraie. Celle qui révèle l'amour passionné de son métier.

En cuisine, le geste ne doit plus interférer. L'harmonie fait que l'ustensile devient le prolongement de la main. L'intention et la projection fusionnent dans le geste. Le cerveau joue une partition dans l'assiette où la fausse note n'a plus sa place. Si on entre par effraction dans ton univers, en rompant ta concentration, alors, tout peut dérailler. Voilà pourquoi je m'abstrais pour n'écouter plus que ma propre cuisine. Me voici absent au monde extérieur, déserteur. Joie d'être entièrement dans ma casserole ! Au fond se trame un monde. Bien sûr, l'harmonie n'advient qu'à partir du moment où tu as travaillé redoutablement ta technicité. Les problèmes techniques ne doivent pas t'encombrer. Par la maîtrise, tous les sens sont mobilisés. L'oreille est à l'écoute mais la peau également. Quand tu t'approches des cuissons, tu sens la chaleur, tu sais si elle caresse ou si elle agresse. D'infimes paramètres te renseignent sur ce que tu es en train de conduire. Tu sais quand tu as besoin d'un couteau affûté comme un sabre. La brillance qui arrive sur la chair du poisson témoigne de la science de la coupe comme de la qualité du fil du couteau. Bien souvent, on ne réalise pas qu'un couteau mal affûté est semblable à un couteau à dents. Si l'œil ne distingue pas le fil du couteau, rien ne pourra être obtenu de beau. C'est une vraie fausse note – il suffit d'imaginer couper un poisson de qualité avec un couteau à dents. Elle tient du manque de connaissances ou de la distraction.

On trouve aussi des fausses notes créatives. Quelque chose d'intéressant peut sortir d'une erreur. Je les appelle des occurrences-fulgurances. La virtuosité ne doit pas conduire à une forme d'autisme par rapport au produit travaillé. Très vite, tu peux t'enfermer dans un isolement où il n'y a plus d'émotion. Si tu te laisses aller à la virtuosité, tu produiras une cuisine technique, maîtrisée, mais qui ne laissera aucun souvenir une fois ingérée. Si l'harmonie est là, l'émotion le sera aussi. De nouveau, les parallèles avec la musique sont frappants. Il suffit de voir Gautier Capuçon, le grand violoncelliste, lors d'une master class à la Fondation Louis Vuitton. Il souligne l'importance de quitter le territoire de la technicité absolue pour libérer l'émotion. Pour donner de l'âme, il faut relâcher la virtuosité et faire corps avec l'instrument. Gautier Capuçon fusionne avec son violoncelle, un Matteo Goffriller de 1701 dont on connaît le nom, comme une personne.

Par ailleurs, l'erreur ne doit pas être diabolisée. Elle est formatrice. À ce sujet, un souvenir m'a marqué. Un soir, sur l'île d'Yeu, un cuisinier m'avait promis de me cuisiner une lotte formidable. Évidemment, j'accours. Nous étions arrivés à 19 h 30, et désormais, il était plus de minuit. À part des récits à tiroirs, nous n'avions toujours rien mangé. L'enthousiaste en avait oublié de faire cuire sa lotte ! Voilà qu'il la sert presque crue, dix minutes après. En la mangeant, je réalise que le secret de la lotte est en fait de ne pas la cuire… à condition de la cuire. Je m'explique : elle doit être prise comme une viande rouge, très fort et à la flamme. Je lance la cuisson avec de l'huile d'olive et du laurier. Le repère est simple : le laurier doit s'enflammer. Puis je stoppe la cuisson, je couvre tout de suite la lotte, et je la laisse venir à température en cuisson descendante, comme dans un four de boulanger. Ne reste que la chaleur accumulée à cœur. La cuisson descendante donne une lotte juste coagulée, les protéines sont prises mais la lotte n'est pas cuite, au sens strict du terme. Cette texture est idéale, elle garde toute l'eau du poisson. Si la lotte commence à rendre son eau, sincèrement, c'est un massacre, elle est bonne pour la poubelle. Cette expérience m'a montré qu'une intuition peut naître d'une erreur et révéler un biais inexploré pour comprendre un produit. Je ne crois pas à l'achèvement d'un plat, à cette notion de *work in progress* qui fait partie de la mythologie des chefs. Elle me rappelle les travaux dans une ville ou la vitrine d'un magasin de luxe avec sa pancarte *work in progress*, comme une excuse. Pour moi, un plat n'est jamais fini. La cuisine ne fait que relayer un savoir en fonction des époques, des influences et de la qualité des produits. Si l'on songe au lièvre à la royale, à ce moment précis où le sénateur Couteaux lui donne sa touche finale en lui adjoignant « trente gousses d'ail, soixante échalotes et deux bouteilles de chambertin », il faut bien comprendre que cette recette correspond à une époque, à une façon de manger, à un lièvre dont on ignore alors le goût, comme celui du foie gras.

Ce qui est abouti pour l'un ne l'est pas pour l'autre. Un plat est une narration, tributaire de celui qui la raconte et de celui qui l'écoute. Elle connaît des variantes, ce qui, la plupart du temps, est bénéfique à la recette. Mes recettes ne cessent d'évoluer, suivant en cela mes propres changements et les commentaires reçus des clients. Par exemple, la mousse au chocolat des débuts de *Table* était servie avec une crème anglaise à l'oseille. Au fil du temps, elle s'est parfumée à la mode catalane. Au départ, le simple souvenir de mes tartines d'enfance, à Renaison. Je me préparais des tartines de pain grillé sur lesquelles je mettais du beurre et du chocolat noir râpé. Un régal. En Catalogne, il n'y a pas de beurre. Le pain grillé accueille le chocolat noir râpé, réveillé de quelques perles d'huile d'olive et de grains de sel. Sur cette idée, j'ai assaisonné ma mousse au chocolat d'huile d'olive et de sel. Puis ce fut la rencontre avec un piment coréen, le gochujang, mélange de pâte de soja fermenté et de piment rouge, qui m'a ramené vers l'influence d'un autre pays, le Mexique. Originellement, les Aztèques broyaient les fèves de cacao avec du piment et du rocou. Le rouge réchauffait le noir, le feu du piment s'alliait à la noble amertume, en une délicate brûlure. Au final, ma mousse au chocolat est autant cosmopolite que personnelle. L'harmonie est une question d'équilibre. À chacun de se tenir sur la branche, de chêne ou de cristal, pourvu qu'elle tienne.

Le turbot

Le turbot peut prendre des tailles gigantesques. Parfois, chez *Table*, j'ai la chance d'avoir des pièces exceptionnelles, de dix à douze kilos. Je les reçois comme des quasi-divinités. Pour comprendre ce respect, il faut proprement les imaginer : ces pièces d'exception ont l'envergure d'un homme adulte. Derrière elles, on pourrait se cacher. Avec son œil de faux endormi, ce poisson m'a toujours fasciné. Je crois que j'ai moi-même une tête de turbot. Peut-être en suis-je un.
Ce poisson est le plus merveilleux à cuisiner. Il appartient aux poissons plats – l'aristocratie de la belle cuisine. Sa chair fait qu'on peut le cuire comme une viande rouge. On peut également le rôtir sur l'os, le cuire entier, le griller, le laisser venir tout doucement... Sa majesté m'évoque celle des raies manta, ces grands poissons furtifs aux silhouettes de cerfs-volants marins. Quant à la peau de ces géants, elle est joliment mouchetée, comme imprimée par les fonds sableux. Elle prend des teintes profondes, aux glissements de tons savants qui rappellent sa propension à se fondre élégamment dans le paysage océanique. Le turbot tient tant de l'œuvre d'art rupestre que du génie aéronautique. Il est la voile la plus noble de l'océan Atlantique. Une chair au-delà de la chair. Chaque fois que je le vois, j'éprouve la même surprise. Ceux qui croisent entre Noirmoutier et l'île d'Yeu ont, pour moi, les goûts et les textures les plus remarquables. Mais son éloge ne serait rien sans celui de cette partie qu'on appelle les « petites cuisses de grenouille » – c'est-à-dire les muscles de ses nageoires vibratoires. Du pur collagène qui fait le bonheur des gourmands. J'aurais voulu être un turbot, vraiment.

L'humilité

L'humilité en cuisine est un ingrédient dont on ne pourrait se passer. Elle me fait penser à ces matins où l'on se lève en bord de mer, décidé à braver l'aube pour partir nager loin. Face à un univers gigantesque, très vite, tu prends conscience de ta petitesse. Le grand inconnu. Le bleu mystérieux. Face aux éléments, te voici minuscule. Tu ne peux nager en pleine mer que si tu as conscience de ta force et de tes limites. Il faut être sûr de soi et savoir lire l'environnement, les marées et les courants. La force fait prendre conscience de la faiblesse, et la seule question à l'horizon est : « Jusqu'où puis-je aller ? », une question qui interroge autant mes capacités que mon désir.

En cuisine, cet horizon me guide. L'humilité est une vigie. Pour devenir fort et pertinent dans son domaine, on se doit de rester ouvert au monde et d'apprendre, de sans cesse renouveler ses connaissances. Elles procurent une assurance, une sécurité qui permettent de s'aventurer sur des terrains plus risqués. Sans humilité, l'être humain se perdrait en chemin. Il y a un côté chevaleresque à affronter l'obstacle pour se confronter au monde de façon positive. C'est le rôle de l'initiation.

Si l'on se penche sur l'origine du mot « humble », on trouve un rapport racinaire. En latin classique, *humilis* signifiait « bas, près de la terre » et dérivait d'*humus* (« sol »). On sait les rapports complexes de l'humilité et de la bassesse. Pourtant, la terre ramène au sol. Au socle, pour moi. Au fondement. À ce qui permet de s'élever si l'on a pris soin de poser des pierres solides sous ses pieds. Derrière le mot rôde le fantôme du rapport du simple paysan à la culture, au gré des infortunes météorologiques ou animales. Il était habitué à se trouver confronté à plus puissant que lui et à s'adapter. Parfois, tous ses espoirs étaient réduits à néant. *Le Théâtre d'agriculture et mesnage des champs* d'Olivier de Serres, publié en 1600, est une formidable somme de savoirs, nourrie d'une expérience de trente ans vécue sur deux cents hectares de terres agricoles pour remédier aux disettes et aux famines. Dès cette époque, Olivier de Serres ne séparait pas la culture de la santé, et, surtout, il n'oubliait pas de la relier à la volupté. Le verger palissé était, par exemple, une forme propice à l'admiration des fruits comme à leur beau développement. La première des tapisseries réussies était celle des fleurs. J'en ai gardé l'idée que la compréhension du monde vaut mieux que l'opposition systématique. Planter des arbres, refaire des haies relève autant de la beauté et du rythme paysager que de l'ombrage et de la lutte contre le vent.

On devrait toujours garder à l'esprit que nous sommes des passeurs. Mais que pour être passeur, il faut partir d'un savoir et s'inscrire dans le temps. Quand tu crées un plat, des associations, des cuissons, des dispositions, des présentations, tu forges une cuisine personnelle et identifiable. Mais soyons honnêtes, elle n'existe que parce que d'autres l'ont pratiquée auparavant. Nos contemporains nous guident ou nous éclairent également. Je le dis souvent, beaucoup de mes plats n'auraient jamais vu le jour si Alain Passard, le chef de *L'Arpège*, n'existait pas. Loin de moi l'idée de copier ce qu'il fait, mais il a ouvert des voies ou des façons d'approcher les produits me permettant de continuer l'exploration, de filer la métaphore, de m'inscrire dans une cohérence.

La cuisine ne peut avoir, à proprement parler, d'identité nationale, elle est même le contraire de l'arrogance nationaliste. On ne peut juger les plats au tracé des frontières. Ils correspondent à des zones d'influences. La pâte italienne n'existe que parce qu'il y a eu des pâtes chinoises. Pour poser une tomate sur une pizza, il a fallu acclimater les tomates du Pérou. Un gratin de pommes de terre français, si classique soit-il aujourd'hui, ne l'a pas toujours été puisque la pomme de terre nous vient des Andes. Quant au traditionnel pigeon aux petits pois, autre grand classique, il a dû attendre l'arrivée des petits pois pour devenir le « caviar de Louis XIV ». Les classiques sont le fruit de développements, de migrations, d'apports de produits. On oublie souvent que la cuisine nourrit autant le corps que la pensée car elle est ouverture au monde et acceptation de la nouveauté. Imaginons un instant un nationalisme dictatorial qui aurait refusé cet apport étranger et interdit l'importation de produits. Que mangerions-nous aujourd'hui aux grandes tables ? De la farine de pois ?

L'humilité d'une assiette naît de ce jeu avec des ingrédients variés, rien n'est au fond strictement locavore, ou si peu… Avant d'adopter des propos tranchés, toujours se replonger dans l'épaisseur du savoir. On y gagne l'avantage de voyager et de s'étonner. Le gingembre, à connotation asiatique, n'était-il pas l'épice la plus utilisée au Moyen Âge, avant le safran, la cannelle et le poivre ? J'ai même goûté du gingembre qui venait du sud de la France. Faire la cuisine en toute connaissance change le regard sur le produit. Puis vient l'humilité du retrait : il faut prendre le temps d'observer puis d'ausculter les produits.

Un assaisonnement juste, une cuisson parfaite, le bon geste de la main, une découpe appropriée sont les résultats de l'humilité face au sens que dégage chaque produit. Avant même de le faire parler, un produit a quelque chose à nous dire. Je pense par exemple à la cuisson des petits navets. Si j'observe un débutant, il va agiter le sautoir d'une main et de l'autre, tourner les navets à toute vitesse à la cuillère. Au bout de quelques minutes, tu es sûr qu'ils sont morts ! Il faut au contraire les laisser venir, les laisser gazouiller grâce à la montée en température de l'eau, du beurre et de l'huile d'olive. Ces petits corps gras vont tranquillement séduire nos navets, le temps qu'ils les absorbent, qu'ils rosissent de plaisir en se tempérant à la cuisson. Il y aurait une forme très humaine de domination dans les gestes d'un cuisinier qui revendiquerait la maîtrise, non au sens de l'acquisition d'une connaissance mais d'un asservissement. Violenté, un petit navet ne donnera jamais le meilleur de lui-même. Au contraire, il périra d'écrasement et d'agitation dans un bouillon conduit de façon trop brutale. Au lieu de le séduire et de l'enrober, la cuisson l'épuisera et le tuera. C'est donc l'humilité qui apportera la fierté de notre métier. Elle, et rien d'autre.

Je construis mes plats comme des promenades. Plus encore : comme des paysages oniriques. Chaque bouchée me projette dans une balade à mi-chemin entre mémoire et fantasme.

Le homard

Il est la noblesse de la mer. Sa force, aussi, avec ses pinces de culturiste. Pourtant, cet athlète aime se cacher – un trait qui me touche. C'est un prudent, le homard. Quand on le pêche à la main, il faut surveiller le trou où il va fuir à reculons dès qu'il se sent traqué. J'ai toujours été surpris par la splendeur de sa chair qui, en cuisine, finit souvent en désastre. Trop cuit, il perd alors son goût de paradis. La mayonnaise sous laquelle on le noie le fait passer pour une grosse gamba. Il mérite pourtant une vraie attention, une fin plus heureuse que celle consistant à le transformer en caoutchouc de la mer. Les langoustines vivantes, crues ou cuites, lui volent la vedette et sont le produit phare des tables constellées. Face à ce constat, j'ai repensé à ce crustacé maltraité. Comment l'honorer ? Pour lui rendre justice, le secret est de le manger cru. Mais sans savoir qu'il est cru. Il redevient alors une gourmandise, retrouve une texture qui rappelle la langoustine. Voilà pourquoi je l'ai traité en mi-cru-mi-cuit, simplement amené à température de bouche, avec ce merveilleux goût du beurre chaud qui trompe le cerveau. Comme je l'ai voulu triomphant sur son rocher et non caché, je l'installe réellement sur un promontoire – qui devient son piédestal. En fonction des saisons, ce sera un artichaut, une tomate, du céleri, un petit condiment qui reprend l'esprit des sandwichs au homard que j'adore, assaisonnés à la mayonnaise de céleri. Il retrouve dès lors son faste et sa grandeur. Et notre timide remonte sur son trône.

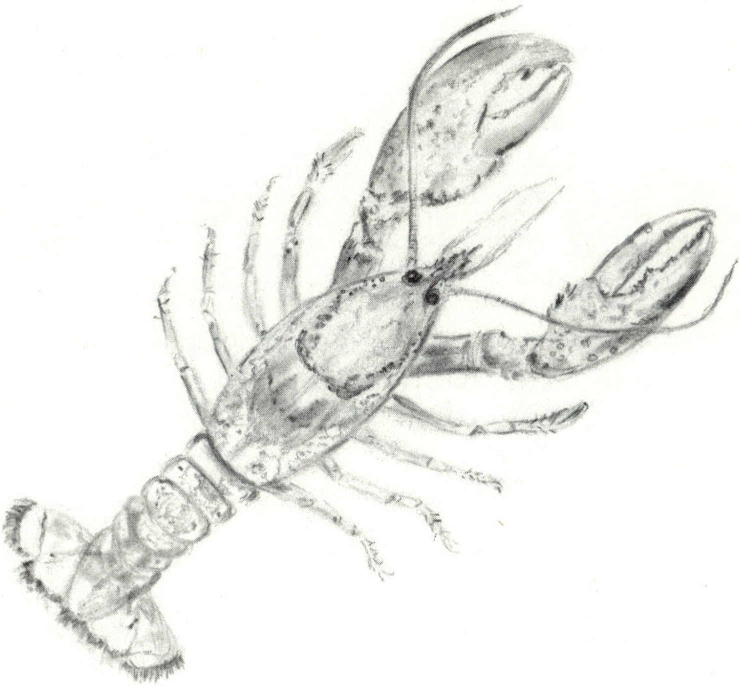

L'héritage

Ce que j'ai appris, ce que je suis profondément et ce qui me crée intimement se reflètent dans ma cuisine. Elle est mon harmonie. Elle est ma vie. Elle dit tout de moi et même au-delà. Elle m'ouvre au monde et au possible.

Mon univers passe par la bouche, tout autant pour me nourrir que pour dialoguer. Les deux sont intimement liés puisqu'on se nourrit de la différence et qu'une conversation est, dans ses grands moments, une véritable dégustation.

J'ai goûté tout ce que j'ai eu la chance de croiser aux quatre coins du monde ou au coin de la rue. Mon palais est une tour de Babel, il parle toutes les langues. Si l'on regarde n'importe lequel des menus de *Table*, on peut me lire à cœur ouvert. On y trouvera mes influences comme mes convictions, mes inspirateurs comme mes trouvailles. Dès le trottoir, dès le menu, un restaurant est une invitation au voyage. Je reste persuadé que dès cette lecture et depuis le seuil, on peut pressentir si le repas sera bon ou pas. Au fond, la carte est une carte de visite. Les mots, la façon dont les plats sont présentés sont les ambassadeurs de l'ailleurs. À chacun de choisir sa destination. Si on décortique le pourquoi des combinaisons chez un chef, ses obsessions, la façon dont il rédige sa carte, on touche au sens profond. À travers les lignes, écoutez-le, ce sont ses confessions.

Nous sommes riches de ce que le savoir nous a légué, de ce que nos prédécesseurs et nos semblables nous ont suggéré en défrichant le champ des possibles. Il a suffi d'une remarque de Toni Vianello, l'ancien chef de *L'Osteria* à Paris, pour qu'un conseil m'ouvre une piste. En goûtant ma mousse au chocolat, c'est lui qui m'a dit que je devrais lui ajouter un peu de sel pour trouver le bon équilibre. Ce qui a déclenché la réminiscence que l'on sait, l'influence catalane avec huile d'olive et sel sur les tartines de chocolat. Sans Toni Vianello, ce souvenir serait resté enfoui au fond de moi. Il a servi de déclencheur, de commutateur. Je suis parti sur une huile d'olive de Catalogne, heureux que l'écoute des autres libère en moi des champs d'exploration.

Mon paris-prague est, lui, un hommage au paris-brest du pâtissier Jacques Genin, de la rue de Turenne. Le meilleur paris-brest que j'aie mangé de ma vie. Il faut voir cette couronne poudrée de sucre glace, ses rosaces de crème au beurre au praliné noisette craquant, détendue à la crème pâtissière vanillée. Un monstre de gourmandise ! Il m'a ouvert la voie pour l'interpréter à ma façon, avec une crème à la betterave pour que ce légume aux notes de terre touche au sublime.

Parfois, des plats ou des desserts font partie de l'histoire personnelle, comme la tarte aux pralines rouges ou le gâteau de foies blonds de Renaison, lesquels renvoient à mon terreau, entre Roanne et Lyon. Mon ormeau, lui, est un tribut à Alain Passard. La première fois que j'en ai mangé, c'était chez lui, à *L'Arpège*. Un éblouissement. Soudain, Paris était l'océan. Chez *Table*, je le fais au beurre noisette. Il faut mettre de l'imagination sur un plat et savoir rebondir. On est tous des passeurs, non des inventeurs ou des créateurs ; on se trouve dans la continuité d'une narration, dans un développement de sa propre écriture par rapport à l'émerveillement d'un plat. Chaque chef revient aux sources de la cuisine avant de proposer son propre ricochet et de jouer sa propre partition.

Quand je reçois des produits, je sens que j'hérite du travail de passionnés qui consacrent leur vie à se perfectionner. Goûter leurs produits, c'est s'inscrire dans un continuum de l'histoire humaine, n'être qu'un maillon au service non de l'arrogance, mais de l'écoute. Quand on est chef, on élabore des recettes par successions de rebonds. On apporte nos connaissances, notre savoir, notre énergie et notre amour pour continuer à les faire vivre. C'est un devoir de mémoire. Faire perdurer des plats historiques concourt à ne pas les oublier. Lorsque je les fais goûter aux gens, j'ai l'impression de leur donner à manger des pages d'histoire. Proposer à table une volaille grand coq vierge de Barbezieux revient à leur faire revivre les émotions extraordinaires vécues par Alexandre Dumas avec cette volaille-là. Les plats signent notre appartenance au genre humain.

On se nourrit d'histoires. On se nourrit de conversations à table et j'aime quand elles passent du côté de la salle. La nourriture relie, la conversation aussi. Ce sont des moments de grâce au restaurant quand nous partageons mets et mots. Par-delà le moment de grande convivialité, la nourriture est un syncrétisme et un creuset. Tout est liant, tout est lié.

Voilà pourquoi, plus que de grandes tables, je préfère parler de belles tables. Aux beaux produits répond une ambiance réussie. Les langues se délient. Les sourires éclairent les visages. Quand je parle d'héritage, j'espère encore que les clients de *Table* sont gagnés par un état d'esprit. Que les lignes bougent, que les préjugés s'émiettent. La betterave, longtemps cantonnée aux animaux et au sucre, est devenue un très beau produit de cuisine. Elle mérite de grandes aventures. Je souris aussi quand je vois que des expressions comme « bête à manger du foin » perdent en cuisine leur légitimité. À *L'Arpège* comme à *Table*, que de plats ennoblis par les délicates notes vanillées du foin ! Rendre justice par la justesse. Servir les produits, servir l'appétit. C'est ce qui me met debout chaque matin.

Lorsque j'ai créé *Table*, en 2013, j'ai voulu un système de comptoirs et de tables. La symbolique en était forte. Quand tu es heureux au restaurant, l'envie te prend de parler à tes voisins, de partager avec eux tes surprises, tes enthousiasmes, d'aller même jusqu'à leur faire goûter un verre de vin parce qu'ils deviennent les complices de ta joie de vivre. La disposition des tables favorise cet élan car il n'y a pas d'obstacle architectural. Les formes sont harmonieuses, organiques et arrondies, tu peux naviguer de façon facile et naturelle, et glisser aisément dans l'échange grâce à cette fluidité. Le côté lisse et brillant des tables en étain rappelle une mer de mercure. Glisser est essentiel pour moi. Le monde extérieur a suffisamment de rugosités pour qu'on l'oublie le temps d'un déjeuner ou d'un dîner. Ces tables en étain sont conçues comme des ailes d'avion. C'est une invitation à embarquer. Manger est un voyage. Je préfère ce mot à celui d'« expérience », car aujourd'hui tout est expérience. Tu vas t'acheter une écharpe, et on t'explique que tu ne vas pas acheter un objet, non, mais que tu vas vivre une *expérience*, glissement marketing, pour faire oublier l'acte d'achat. La carte des vins, aux États-Unis, n'est souvent plus une *wine list*, mais une *wine experience*. Une vraie ikeaisation du rapport commerçant ! Voilà qui déresponsabilise l'acte marchand puisqu'en définitive, si tu n'as pas apprécié l'expérience, c'est que tu n'étais pas prêt à la recevoir.

Voilà pourquoi je ne vois pas un repas au restaurant comme une expérience. Je préfère franchement dire :

« Je suis là pour vous. » De plus, ce voyage, on le vit ensemble, en temps réel. La cuisine est du côté du partage. Les clients participent de l'histoire en direct. Pas de retransmission. Dans l'assiette, on raconte des produits, on est nourri intellectuellement et physiquement, c'est ainsi qu'on crée de l'héritage, de la transmission d'un mode de pensée, d'un rapport au monde, aux clients et à ses équipes.

Être chef de cuisine, c'est apprendre et former, montrer aux jeunes des voies qu'ils ne soupçonnaient pas pour qu'ils ne redoutent pas d'aller plus loin, sans rien oublier de leur passé. Se concentrer sur la beauté, que ce soit celle du geste, du produit ou d'une belle cuisine, permet de vivre pleinement l'instant. Que cherchait de plus le Faust de Goethe sinon cette étreinte passionnée avec l'instant nous montrant où est la vraie richesse ?

Ah ! J'allais oublier. Si je pouvais vous confier un ultime secret, ce serait celui-ci : en cuisine aussi, il ne faut pas comprimer sa part de rêverie. Regardez les lampes d'Ingo Maurer. Elles me touchent organiquement. Elles sont à la fois des objets très beaux qui éclairent, mais aussi des formes qui allument notre versant poétique. Elles réveillent en nous l'enfance et ne se prennent jamais au sérieux, parce qu'elles l'ont dépassé depuis longtemps. Alors, je vous le dis, vous le murmure plutôt, comme un dernier mot : en vous, n'éteignez pas la lumière.

Le petit pois Lincoln

Le petit pois Lincoln est une variété ancienne qu'on doit à l'Angleterre, la patrie des petits pois. On l'appelle encore Prodige ou Sans rival, ce qui en dit long sur ses qualités. Pour se le représenter, imaginez une goutte de rosée posée sur la plante au petit matin et que l'on retrouverait métamorphosée le soir à l'intérieur de la cosse de petit pois, délicieuse et à peine sucrée. Elle fond littéralement sous la langue. À regarder les gousses baignées d'un rayon de soleil, on aperçoit aisément au jardin ce secret mal gardé, révélé par transparence. Voici les petites perles blotties, comme sur une radiographie. Cueillies en début de saison, vers la mi-mai, elles sont le trésor du potager. Je me souviens les avoir mariés à de petites groseilles, dans le jardin bourguignon de Morse Astier. Une révélation ! La rencontre de deux petites billes de sucre, l'une amenant vers la tendresse du vert, l'autre vers le rouge acidulé. Un choc de deux couleurs superbes, de deux transparences qui m'a immédiatement fait songer à Louise Moillon, cette femme peintre du XVIIe siècle qui brossait les natures mortes les plus vivantes que je connaisse. Elle dont le pinceau était un faisceau de lumière, elle aurait saisi comme personne la magie des petits pois Lincoln. À son époque, si ces derniers avaient existé, elle aurait su rendre leur transparence, cet hommage diaphane à la beauté. J'aurais alors croqué des yeux ces petites larmes de verdure.

Préambule à beaucoup plus que des recettes

« La cuisine, c'est beaucoup plus que des recettes. » Combien est mienne cette pensée du grand chef Alain Chapel ! Elle est tirée de l'ouvrage du même nom[1], qu'il fit paraître en 1980 et qui marqua des générations.

Mes recettes sont plus que des recettes, elles sondent mon univers. Elles disent ce que j'ingère, ce que je digère, ce que je vis, ce que je pense. Elles naissent de mes frottements incessants aux goûts, aux couleurs et aux senteurs. Plus essentiellement, elles traduisent mes sensations et mes sentiments.

Au commencement est ma palette. Les couleurs, leur profondeur… Le vert et ses nuances les plus denses m'inspirent. À lui seul, quelle variété, d'une huile de persil frit aux tonalités électriques, à celles,

1. Alain Chapel, *La cuisine, c'est bien plus que des recettes. Les recettes originales d'Alain Chapel*, Robert Laffont, 2009.

printanières, d'une jeune pousse de verveine ! Puis viennent les rouges. L'ombre intense de l'hibiscus ou le rouge vibrant d'une tomate mûre piégeant le soleil. Que dire des rouges plus orangés et mystiques, à l'égal d'un rayon de lumière frappant l'or d'un vitrail ? Ah ! et le rouge cinabre d'un petit rouget farfouilleur !

Quant aux bruns, plus difficiles à dompter, je m'y aventure, des caramels ambrés aux teintes sombres d'un lièvre à la royale, à la sauce *mole* d'Oaxaca chocolatée, jusqu'aux noirs bruts d'une cendre de poireaux. Ma palette s'enrichit de touches qui illuminent les couleurs principales. Que j'aime les violets d'un petit chou-fleur graffiti, les jaune d'or du safran, les bleus d'encre des fleurs de pois, les rose pâle d'un crémeux de homard !

L'éventail du monde nous nourrit. La beauté aussi.

Après la magie des couleurs, la transmutation des cuissons. Elles font chanter le feu. Me voici à l'écoute… quel sens des modulations ! À beurre chantant, à beurre infusé, à four humide d'eau de mer, à eau de mer froide ou encore au gros sel gris des Salines de Millac… Sans oublier le sautoir, la cocotte lutée, la grille ou la braise. Autant de bonheurs pour l'oreille qui orchestre la symphonie du feu !

Aigres-doux

Les aigres-doux, comme des souvenirs de l'été, nous remémorent en hiver des histoires ensoleillées.

Ces fruits et baies au vinaigre se consomment avec les viandes, les foies gras, les volailles et les gibiers. Les vinaigres issus de ces conserves s'apprécient avec les légumes et les tomates. Je les aime particulièrement pour déglacer les jus de viande et aciduler les condiments rémoulades.

Réservés au frais en bocaux de verre, ils vous escorteront au moins toute une année.

Abricot/pêche/prune

Porter à ébullition 300 g de vinaigre de riz, 50 g de miel d'acacia, 200 g d'eau minérale gazeuse et 5 g de sel.

Pendant ce temps, trancher les fruits en quartiers. Verser le liquide bouillant sur les fruits et laisser refroidir à température ambiante.

Figue

Porter à ébullition 200 g de vinaigre de riz, 20 g de miel d'acacia, 200 g d'eau minérale et 5 g de sel. Verser le liquide bouillant sur les figues et laisser refroidir à température ambiante.

Graines de moutarde

À frémissement doux, cuire pendant 10 minutes 100 g de vinaigre blanc, 60 g de miel d'acacia, 100 g de jus de pomme verte, 50 g d'eau minérale gazeuse et 5 g de sel avec 200 g de graines de moutarde jaune. En cours de cuisson, rectifier si nécessaire avec de l'eau minérale. Lors de la mise en bocal, ajouter quelques feuilles de menthe fraîche.

Potimarron

Porter à ébullition 300 g de vinaigre blanc, 80 g de miel d'acacia, 100 g de jus d'orange et 5 g de sel. En attendant, ôter la peau d'un petit potimarron et le détailler en morceaux. Verser le liquide bouillant sur le potimarron et laisser refroidir à température ambiante. Ajouter 250 mg de safran dilué dans un peu d'eau minérale.

Prunelle

Congeler les prunelles sauvages durant 48 heures.

Porter à ébullition 200 g de vinaigre de riz, 20 g de miel d'acacia, 200 g d'eau minérale et 5 g de sel. Verser le liquide bouillant sur les prunelles décongelées et laisser refroidir à température ambiante.

Raisin gros grain

Porter à ébullition 200 g de vinaigre de riz, 100 g de verjus (vinaigre de raisin vert), 80 g de miel d'acacia, 200 g d'eau minérale et 5 g de sel.

Ôter délicatement la peau des gros grains de raisin. Verser sur ces grains le liquide bouillant et laisser refroidir à température ambiante.

Petits fruits rouges ou noirs

Pour les aigres-doux de petits fruits rouges ou noirs tels que fraises, groseilles, framboises, cassis ou mûres, nul besoin de miel.

Les disposer directement dans un bocal en verre et préparer un mélange tant pour tant (moitié-moitié) d'eau filtrée et de vinaigre blanc. Le verser jusqu'à remplir le bocal en totalité. Ajouter avec raison, selon le goût, quelques grains de poivre et d'autres épices sèches.

Pour l'ensemble de ces aigres-doux, après consommation des fruits, filtrer les jus vinaigrés et les conserver en bouteille. Ils feront une belle escorte à vos salades, sauces et jus !

Cendres

Un jour, une publication dans *The Lancet*, revue médicale britannique, a retenu mon attention. Elle évoquait un peuple d'Amazonie, les Yanomami. Fait remarquable, ils bénéficiaient de la plus faible tension artérielle mesurée. Aucune trace de consommation de sel n'était constatée. L'étude concluait à une corrélation forte entre tension basse et absence de consommation de sel.

Le sel (ou chlorure de sodium), élément essentiel au fonctionnement normal de l'organisme, les Yanomami ne pouvaient pourtant s'en passer. L'absence réelle de chlorure de sodium – éloignement de l'océan et absence de ressource géologique d'halite (sel gemme) – se trouvait compensée par d'autres sels…

De façon ancestrale, les Yanomami fabriquaient leur sel par calcination de tiges et de plantes salifères – un sel végétal. Les cendres récupérées étaient ensuite lavées puis bouillies. Ce peuple les utilisait en bouillon de cuisson ou les faisait sécher pour obtenir des cristaux.

On redécouvre aujourd'hui les propriétés de ces sels végétaux traditionnels, notamment en Afrique où ils sont employés depuis la nuit des temps.

Voilà pourquoi j'aime utiliser les plantes halophiles ou jardinières à forte teneur en sels minéraux, comme les salicornes, les poireaux ou les tiges d'oignons. Pour en faire un sel naturel et archaïque, je les cuis au four à 185 °C jusqu'à obtenir des plantes sèches et toastées. Broyées, elles font un sel aussi remarquable que discret.

Condiments

Les condiments résultent d'expériences ancestrales au service de la conservation. Ils témoignent du souci de conserver le vivant pour n'en rien gâcher, et font état d'une belle ingéniosité humaine. J'aime célébrer ces savoirs, comme passeur d'histoires. Des histoires de goût, qui ne manquent jamais de piquant !

Depuis ma petite enfance, j'aime cueillir les « mauvaises herbes ». Celles qu'on repousse hors des jardins, hors des esprits et des savoirs.

Ma grand-tante, la bien-nommée autant que bien-aimée Marguerite, m'emmenait cueillir les herbes à lapin, les herbes à soupe et à salade. Une liste enchantée ! Mâche des murets, rumex, cardamine, oxalis, plantain, mouron vert, consoude, pissenlit, matricaire, achillée, berce, reine-des-prés, sedum, fleurs de carotte… autant de noms savoureux que de pistes à suivre.

Aujourd'hui, je travaille avec plusieurs cueilleurs, qui, au quotidien, me nourrissent de torrents d'énergies et de saveurs.

Fleurs d'ail des ours/baies vertes de sureau

Plonger les inflorescences d'ail des ours ou les grappes de baies de sureau dans une préparation d'eau de mer, à raison de 35 g par litre d'eau douce et filtrée. Réserver durant trois jours à environ 26 °C de température ambiante. Ainsi va s'opérer un début de fermentation malolactique.

À l'issue, égoutter et conserver quatre mois au moins dans un mélange de tant pour tant (moitié-moitié) de vinaigre blanc et d'eau filtrée.

Huiles « froides, huiles « chaudes »

Ces qualifications d'huile froide et d'huile chaude n'ont rien à voir avec leur température de service. Elles viennent de la médecine traditionnelle chinoise, laquelle propose de soigner le corps par un fin équilibrage de nourritures froides (hydratantes, tels les légumes) ou chaudes (tels le piment ou le gingembre).

J'utilise ce principe à d'autres fins – pour équilibrer l'assaisonnement d'un plat. Par exemple, j'associe une huile chaude (pimentón) à une huile froide (feuille de figuier). Le plat, ainsi assaisonné, est proposé tempéré, soit dans un esprit « ni cuit ni cru ». Pour celui qui le déguste, chaque bouchée va venir bousculer sa perception et il lui appartiendra de décider si elle relève du cru du cuit. C'est l'esprit de mes recettes signatures, à l'exemple du homard et du chipiron.

Huile froide

Berce

Procéder de même avec une bonne dizaine de têtes de graines de berce.

Bourgeons de sapin de Douglas

Avec un robot ménager puissant, mixer 300 g d'huile neutre bio (pépins de raisin, arachide) avec une vingtaine de bourgeons de sapin. Le seul fait de mixer va mécaniquement chauffer, par friction, le liquide à environ 40 °C. Cette température ne modifie pas les qualités organoleptiques des huiles et suffit à l'enfleurage, à la captation des molécules aromatiques. Filtrer.

Feuilles de figuier

Procéder de même avec une bonne dizaine de feuilles de figuier.

Livèche

Procéder de même avec une botte de livèche.

Verveine

Procéder de même avec les feuilles d'un beau bouquet de verveine fraîche.

Huile chaude

Laurier

Avec un robot ménager puissant, mixer 300 g d'huile neutre bio (pépins de raisin, arachide) avec une vingtaine de feuilles de laurier (dit laurier-sauce) frais. Attention : le laurier rose est, lui, toxique. Le fait seul de mixer va mécaniquement chauffer, par friction, le liquide à environ 40 °C. Cette température ne modifie pas les qualités organoleptiques des huiles et suffit à l'enfleurage, à la captation des molécules aromatiques. Filtrer.

Persil frit

Faire frire les feuilles de trois beaux bouquets de persil plat ou frisé dans 200 g d'huile neutre. Les feuilles doivent être frites sans se colorer, ni brûler.

Elles se teintent alors d'un beau vert sombre, s'allègent et croustillent. Ajouter 100 g d'huile neutre à température ambiante pour « décuire » cette préparation. Mixer longuement et filtrer.

Pimentón

Le pimetón est le résultat de la mouture de petits poivrons piments doux. Je l'apprécie modérément fumé. Dans 300 g d'huile neutre portée à 45 °C, infuser 100 g de pimentón durant 10 minutes. Filtrer.

Vanille de Tahiti

Les arômes chauds de la vanille de Tahiti s'aiguisent d'une note unique, subtilement anisée, l'héliotropine. Cette molécule ne se trouve que dans la rare vanille de Tahiti (*Vanilla tahitensis*). Une merveille ! Les gousses de l'île de Raiatea ou de l'île de Tahaa ont mes faveurs.

Fendre une belle gousse dans le sens de la longueur et la plonger dans une huile d'olive aux notes amandées, comme celle, espagnole, de la Finca Saborita à Teruel. Conserver cette préparation à température ambiante.

Les condiments rémoulades

Ail noir et encre de seiche

Mixer une tête d'ail noir épluchée avec 40 cl d'huile de pépins de raisin pour obtenir une belle huile d'ail noir.

Monter une rémoulade avec une cuillerée à soupe de moutarde en grains de bonne qualité (idéalement celle de Charroux dans l'Allier), deux jaunes d'œufs de poule et l'huile d'ail noir. Finir par quelques gouttes de vinaigre blanc et une cuillerée à soupe d'encre de seiche.

Agrumes

J'utilise des citrons d'Amalfi ou de Kalamata, cuits à four humide, à 80 °C durant trois jours et trois nuits. Placer les agrumes dans un plat contenant un peu d'eau. Une fois cuits, mixer la pulpe et la peau des citrons avec quelques cuillerées à soupe d'huile d'olive.

Monter une rémoulade comme précédemment, mais avec une huile neutre. Mixer en ajoutant la préparation à la pulpe des citrons. Finir par quelques gouttes de vinaigre blanc.

Anguille fumée et piment sambal oelek

Mixer la chair et la peau d'une anguille fumée (50 g environ) avec une huile neutre. Monter une rémoulade comme précédemment. Finir par une cuillerée à café de piment Sambal Oelek et quelques gouttes de vinaigre blanc.

Encre de seiche et gingembre

À l'aide d'une cuillère à café, gratter un petit rhizome de gingembre pour en ôter la peau. Mixer la chair avec une huile neutre. Monter une rémoulade comme précédemment. Finir par une cuillerée à soupe d'encre de seiche et quelques gouttes de vinaigre blanc.

Feuilles de figuier

Avec une huile de feuilles de figuier, monter une rémoulade comme précédemment. Finir par quelques gouttes de vinaigre blanc.

Livèche

Avec une huile de livèche, monter une rémoulade comme précédemment. Finir par quelques gouttes de vinaigre blanc.

Persil frit

Avec une huile de persil frit, monter une rémoulade comme précédemment. Finir par quelques gouttes de vinaigre blanc.

Les mousselines et veloutés

À elles seules, les mousselines sont des plats. Je les apprécie aussi en condiments pour des viandes ou des poissons. Leur texture de soie ravit le palais et ouvre un éventail de saveurs.

Pour les veloutés, procéder de même et détendre à votre goût avec du lait chaud.

À la betterave

Bien laver les betteraves en les frottant avec une brosse. Les cuire avec la peau sur un lit de gros sel gris. Les peler. Mixer avec trois cuillerées à soupe de beurre noisette, quelques gouttes de vinaigre blanc, un peu de lait chaud, du jus d'hibiscus réduit et quelques framboises. Rectifier en sel si besoin.

À la carotte de Tilques, orange, safran

Cette grosse carotte rustique, de variété ancienne, a mes faveurs en hiver. La géante de l'Audomarois n'a nulle égale en goût.

Détailler les carottes en fines lamelles. Dans un sautoir, les cuire avec du beurre demi-sel jusqu'à l'obtention d'une très légère coloration. Toaster le safran avec les carottes colorées puis mouiller au lait cru et cuire jusqu'à complète réduction du lait. Mixer avec trois cuillerées à soupe de beurre noisette, quelques gouttes de vinaigre blanc, le jus et la peau d'un quartier d'orange. Rectifier en sel si besoin.

Au céleri-rave monarch grillé

Brosser soigneusement les céleris-raves. Sur un lit de gros sel gris, cuire durant 45 minutes les céleris-raves à la peau au four sec à 175 °C. Les détailler en cubes et finir la cuisson dans un sautoir avec du lait cru jusqu'à complète réduction du liquide.

Mixer avec trois cuillerées à soupe de beurre noisette et quelques gouttes de vinaigre blanc.

Au chou-fleur

Détailler les inflorescences du chou-fleur. Les cuire dans un sautoir avec du lait cru et quelques morceaux de gingembre non pelés jusqu'à complète réduction du liquide. Mixer le chou-fleur bien égoutté avec deux petits morceaux de gingembre, trois cuillerées à soupe de beurre noisette et quelques gouttes de vinaigre blanc. Rectifier en sel selon le goût.

Les pâtes

La Fondation Bettencourt a créé le prix Liliane Bettencourt pour l'intelligence de la main®. Une belle initiative qui récompense aussi bien le violoniste, le céramiste que le dinandier.

Pétrir ses pâtes est un exercice qui requiert l'intelligence de la main. Chez *Table*, j'ai longtemps fabriqué notre pain. Le pétrissage à la main révèle la beauté de l'âme. Alex Croquet, boulanger à Wattignies, l'un des meilleurs sans nul doute, a pour habitude de dire :

« Si la beauté n'habite pas tes sens lorsque tu pétris le pain, tu ne le délies pas, tu le noues. » Aujourd'hui, mon ami Shinya fabrique notre pain. Le pain de *Table* est fameux pour son goût de belles céréales anciennes et pour son humanité.

Pour les pâtes, dont les recettes suivent, le rôle de la main est lui aussi essentiel. Imprégnez-vous de beauté et d'amour, vous verrez…

Brioche pansue

Mélanger intimement 350 g de farine de blés anciens avec 30 g de sucre brun. Creuser un puits et ajouter 4 œufs entiers, 200 g de beurre demi-sel fondu et 20 g de levure de boulanger émiettée. Bien amalgamer. Couvrir et réserver 12 heures au réfrigérateur.

Étaler la pâte sur du papier sulfurisé fariné à l'aide d'un rouleau à pâtisserie. Plier la pâte en quatre. Répéter cette opération trois fois. Étaler une nouvelle fois cette pâte en un long rectangle et la rouler sur elle-même. Déposer la brioche roulée dans un moule garni d'une feuille de papier sulfurisé et la laisser « pousser » 4 heures à température. Enfourner 35 minutes à 140 °C.

Pâte sucrée

Mélanger 300 g de beurre demi-sel en pommade avec 190 g de sucre glace et une gousse de vanille fendue et grattée. Ajouter 40 g de farine de maïs bio, 60 g de poudre d'amandes, 2 œufs entiers et 460 g de farine de blés anciens ou de farine de sarrasin. Bien pétrir l'ensemble puis fraiser légèrement avec la paume des mains.

Peser pour répartir en six pâtons. Les aplatir en disques et emballer de film étirable. Conserver au frais.

Abaisser la pâte et cuire 18 minutes à 160 °C.

Pastel ruso

Pour la pâte

Monter 8 blancs d'œufs en neige ferme. Sans casser les blancs, incorporer délicatement un mélange de 200 g de sucre roux, 100 g d'amandes en poudre et 100 g d'amandes toastées. Étaler cette pâte sur une plaque préalablement recouverte d'un papier sulfurisé beurré. Saupoudrer de sucre glace et cuire 18 minutes à 120 °C.

Pour la crème

En fouettant constamment, cuire 260 g de lait entier avec 100 g de sucre, 4 jaunes d'œufs et 30 g de farine de maïs bio. Une fois la crème cuite, incorporer 200 g de beurre demi-sel et 120 g d'amandes toastées moulues grossièrement.

Lorsque la pâte est bien refroidie, la recouvrir de crème (la moitié de la préparation doit suffire) et la plier en deux. Réserver au frais.

Pithiviers

Mélanger 300 g de farine de blés anciens avec 235 g de graisse de canard, 250 g de beurre, 4 œufs, 215 g d'eau et 27,5 g de sel. Ajouter 600 g de farine de blés anciens et 400 g de fécule de pomme de terre. Fraiser et laisser reposer sur 1 cm d'épaisseur au moins deux heures au frais, idéalement sous vide.

Sablés

Mélanger 900 g de beurre demi-sel en pommade avec 400 g de sucre brun. Ajouter 1 000 g de farine de blés anciens ou de farine de sarrasin, 200 g de farine de maïs bio et des zestes d'agrumes variés, à votre goût. N'hésitez pas à avoir la main leste ! À propos de main, pétrir la pâte du bout des doigts pour la sabler. La rassembler en petits pâtons et les rouler à l'aide de film étirable en cylindres d'environ 4 cm de diamètre. Ce sera le diamètre de vos sablés.

Vous pouvez décider de rouler les cylindres dans du gros sucre cristal. Vos sablés deviendront des diamants…

Sinon, les détailler en tranches de 5 mm d'épaisseur et cuire à four sec à 170 °C pendant 17 minutes. Pour s'assurer d'obtenir des sablés homogènes, vous pouvez les cuire dans de petits cercles à pâtisserie préalablement beurrés.

À l'eau de mer

J'affectionne les bains de mer, pour moi-même comme pour les poissons et les coquillages. Je les aime tant, ces bains, que la marée de *Table* y plonge au quotidien. Elle va parfois jusqu'à y cuire.

À l'île d'Yeu, le Glaude, un vieux marin retraité, avait pour habitude au retour de pêche de vider et laver ses prises en bord de plage, dans le ressac des vagues. « Pour nourrir leurs frères et calmer leurs chairs », clamait-il. Bruno Goussault, ingénieur en chef au CREA (Centre de recherches et d'études pour l'alimentation) et co-inventeur des cuissons sous vide, confirme les mérites du bain de mer pour les protéines : « Ce bain en milieu hypertonique contrôle par déshydratation les émissions de substrats protéinés. »

En clair, ce traitement marin offre le bénéfice de saler les poissons par osmose, c'est-à-dire idéalement car en faible quantité. Il leur conserve une texture parfaite et présente à la cuisson des chairs translucides et nacrées.

Pour un bon bain de mer atlantique, diluer 35 g de gros sel gris marin dans 1 l d'eau filtrée. Additionner de quelques glaçons.

Asperges vertes ou mauves, nées des alluvions de la Durance

Les belles asperges nées des alluvions de la Durance, du côté de Sénas, Mallemort ou du Pertuis, annoncent le printemps. Les années fastes, elles croisent les dernières truffes de Richerenches ou de la région de Carpentras, les fameuses rabasses. Ces belles tiges vertes cueillies la veille, fragiles et virides, cassent comme le cristal d'un verre Zalto soufflé à la bouche. Parfois, elles sont aussi coûteuses !

Les cuire dans une eau de mer à ébullition, une minute, pas plus. Puis les griller une à deux minutes sur du papier sulfurisé préalablement huilé. Chez *Table*, elles sont accompagnées d'une vinaigrette légère, d'herbes sauvages de printemps, d'un jaune d'œuf osmosé et de jolis copeaux de fourme d'estive de Valcivière – la seule fourme d'estive française.

Coquilles Saint-Jacques de plongée de la baie de Saint-Malo

Éloge du souvenir. Île d'Yeu. Les chiffres ont parlé : le coefficient de marée est à 117. L'équinoxe n'a qu'une promesse, la durée du jour sera égale à celle de la nuit, et sur cette rive sableuse de la plage des Corbeaux, la pêche à pied, plus qu'une promesse tenue, a le charme du songe.

Armé d'une simple cuillère à soupe, je sonde le possible, de rocher en écueil. Combien d'efforts pour extraire les précieuses coquilles enrubannées d'algues, aux tonalités émeraude ! Les voici, capricieuses prisonnières qu'il faut déloger de leurs châsses avec la patience de l'obstiné. De l'hédoniste, surtout, corps et âme. J'avance par effraction, pour leur dérober leur douceur. Avec le dos de la cuillère, pour recueillir ces poèmes de la mer…

Le muscle adducteur, fragile petite noix lactée et nacrée, vibrionne de mille tressaillements. Dans ma bouche… encore, aussi, toujours. Le sel des embruns déposé sur mes lèvres dévoile en diable la saveur sucrée de ces coquilles Saint-Jacques. Ode à la vie, ode à l'instant. J'embrasse cette vigueur à pleine bouche pour vibrer de l'intensité du vivant.

Chez *Table*, on ne travaille les coquilles Saint-Jacques que de novembre à février. Elles proviennent exclusivement de cueillettes sous-marines faites au large de Saint-Malo. Des plongées, des vraies, celles où la main remonte un trésor. Chaque année, je renoue avec ce pèlerinage des sens qui s'achève dans le cercle parfait de l'assiette.

Pour restituer au plus près l'intensité de la fraîcheur marine, je ne propose que des coquilles récoltées la veille. Je les ouvre quelques secondes seulement avant de les servir. La lame du couteau glisse au fond de la coquille creuse, sectionne le muscle lisse pour libérer le muscle strié… Voici la face plate du bivalve qui se présente, petite soucoupe faite pour voyager en une bouchée jusqu'aux rivages iodés. Libérée des organes digestifs, des branchies et du manteau, la noix frissonne.

Un rapide bain d'eau de mer, puis je l'assaisonne de peu et de bien – toute une philosophie ! La plus simple, pourtant, la plus évidente : quelques gouttes d'huile d'olive ou encore d'une huile de persil toasté, aux notes d'algues vives, un ou deux grains de sel des Salines de Millac, en face d'Yeu, et le diamant givré du sel, au goût presque poivré, rayonne sur la noix nacrée. Il arrive que je la pare de truffe noire – *Tuber melanosporum*. Alors elle s'ébroue et la fine lamelle de truffe glisse en toit pentu sur le côté. Les plats aussi ont leur espièglerie.

Maigre de ligne du Listao[1]

Autour de l'l'île d'Yeu, le navire *Listao* pêche à la ligne le bar et le maigre. Le maigre est un poisson noble aux allures de roturier. Il ne dispose pas de l'élégance naturelle et princière du bar, sous sa cotte de mailles mal argentée, un peu débraillée. Mais ce véritable loup de mer, impénitent carnassier, offre au gourmand une chair délicate et subtilement ferme.

Au printemps, j'enrubanne les filets de maigre de fines lianes de rhubarbe ou de cives. Je les cuis dans une eau de mer parfumée d'algues, de criste-marine et d'aneth sauvage, où ces lianes acidulent naturellement le poisson.

En été, chez *Table*, le maigre se pare d'un simple bouillon de cuisson, de coques presque crues, d'une huile parfumée et d'un petit jardin aussi sauvage que maritime.

Œufs de pintade en osmose d'eau de mer

L'origine de cette recette remonte aux tout débuts de *Table*, mis au désespoir de voir mes commis ne pas savoir écaler avec science les œufs mollets… une époque heureusement révolue. Car les œufs, je les apprécie lorsqu'ils présentent la surface de boules de billard. Lisses et ivoire. La texture soyeuse et presque

1. Navire immatriculé sur l'île d'Yeu.

sirupeuse du jaune caresse alors ma gourmandise. C'est pour obtenir cette texture que m'est venue l'idée de plonger les jaunes d'œufs, de poule ou de pintade dans une eau de mer à 20 °C. En fonction de la taille de l'ovocyte, une à deux heures sont suffisantes pour obtenir un bon résultat. L'eau contenue dans le jaune migre à travers la membrane pour se mêler à l'eau de mer, en vertu de quoi le jaune se sale. Tout cela selon le principe bien connu : osmose de l'eau, dialyse des sels.

Bien tempéré – le mi-cru-mi-cuit

J'ai découvert cette cuisson que je nomme mi-cru-mi-cuit au gré de mes expériences et dégustations.

J'aime les crustacés crus, à les dévorer par kilos ! Ah ! les grosses crevettes carabineros des côtes espagnoles et portugaises, les belles gamberini de San Remo ! Ou encore les fragiles langoustines du Guilvinec et les précieuses XXL du Cattégat – espace maritime aux incroyables détroits et baies entre Suède et Danemark.

Mon goût pour le homard cru ne peut s'affranchir, lui, d'une barrière culturelle. Les sashimis de homard dégustés au Japon ou en France, bien que préparés par de très bons chefs japonais, n'arrivent pas à me convaincre. Je n'y retrouve pas l'émotion provoquée par ces chairs subtiles, fondantes et juteuses, quasi orgasmiques.

Avec le homard, j'ai compris que l'écueil se situait dans la température de dégustation. Il faut proposer sa chair à la température du palais et trouver un messager de velours. Un ambassadeur capable de délivrer une information essentielle à notre cerveau, un doux mensonge courtois : « Ce homard n'est pas cru puisqu'il est tiède. » Le beurre, cet incontournable de la cuisine française, aimable par nature, s'en charge avec douceur et onctuosité.

Pour les recettes proposées ici, il est utile de disposer d'environ un demi-litre de beurre clarifié. La qualité du beurre est essentielle. Pour ma part, j'utilise un beurre cru de vache rouge flamande. Petite vache gourmande d'herbes variées et de fleurs, elle offre un lait au taux butyrique – riche en crème – idéal.

Clarifier le beurre revient à le décanter. Je le fais fondre très doucement puis l'écume. Enfin, je puise le beurre jaune d'or liquide en prenant soin de laisser le lactosérum – plus liquide et blanchâtre – au fond du récipient.

Chipirons de ligne, de la côte basque, comme un baiser de mer

Les petits chipirons (des encornets, appelés aussi calamars) pêchés à la ligne sur la côte basque espagnole ont ma faveur. Encore faut-il les recevoir ! Une prouesse absolue, vu leur rareté. Ils quittent peu leur territoire de pêche… Il m'arrive d'en disposer, une ou deux fois l'an, au début du mois de juillet. Je les offre alors comme si, au beau milieu d'une brasse coulée à Getaria, le nageur distrait les avait avalés vivants.

Fabriquer une eau de mer avec 35 g de gros sel gris par litre d'eau froide. Ôter la « plume » des chipirons. Les plonger dans l'eau de mer quelques minutes. Ce milieu salin, dit hypertonique, a pour effet de légèrement les déshydrater par effet d'osmose. Ce qui, en soi, est déjà une forme de cuisson.

Porter le beurre clarifié à 45 °C.

Juste avant de servir, pocher 8 minutes les chipirons dans le beurre clarifié.

Les disposer dans une assiette de service comme s'ils nageaient ensemble. Assaisonner en chaud-froid. Pour le chaud, quelques traits d'huile de pimentón ; pour le froid, quelques traits d'huile de feuilles de figuier, deux grains de sel et hop ! on embrasse la mer.

Foie gras d'oie semi-sauvage de Souprosse dans les Landes

La qualité du foie gras est incontournable. Il doit être ultrafrais (moins de quarante-huit heures après éviscération) et provenir d'oiseaux élevés avec amour et respect. Pour *Table*, Robert Dupérier sélectionne les foies d'oies ou de canards avec savoir-faire et passion.

Faire chauffer une poêle antiadhésive. Ajouter 2 cuillerées à soupe de gras de canard. Rôtir le foie gras entier au contact de la poêle sur toutes ses faces, jusqu'à obtention d'une belle couleur chocolatée. Laisser votre foie entier refroidir sur une grille. Le réserver au réfrigérateur bien pressé dans un torchon.

Le sortir une demi-heure avant le service.

Trancher le foie en biais de façon à obtenir une belle tranche. Assaisonner de fèves de cacao crues, de poivre sauvage moulu et d'un peu de fleur de sel. Chez *Table*, nous le servons avec quelques aigres-doux et notre pain grillé frotté au gras d'anguille fumée.

Homard de casier de l'île d'Yeu, à croquer presque vivant sur son rocher

Pour cette recette, il s'agit de croquer la vivacité du crustacé et de se délecter de la douceur soyeuse de ses chairs.

Prendre un beau homard de casier, juste pêché, d'environ 1,5 kg. Le cuire 1 minute à la vapeur (100 °C) ou dans une eau bouillante.

Le laisser tiédir, le décortiquer avec soin et le détailler en portions à votre gré. Porter le beurre clarifié à 45 °C.

Juste avant de servir, pocher 4 à 5 minutes les portions de homard dans le beurre clarifié.

Selon la saison, déposer les portions de homard sur une tranche épaisse de tomate ancienne, un petit cœur d'artichaut ou une section de céleri-rave cuit au gros sel gris. Assaisonner de quelques plantes aromatiques sauvages ou cultivées et d'une infusion de vinaigre de riz légèrement pimentée.

Huîtres Utah Beach de fond de parc, baie des Veys, de Monsieur Jean-Paul

Le terroir Utah Beach de Jean-Paul Guernier, conchyliculteur en Normandie, présente une particularité rare. Il est baigné du flux de quatre rivières, dont les eaux douces charrient une grande diversité de minéraux. Ce terroir, nommé baie des Veys, s'offre aux courants marins. Quelques huîtres s'échappent et finissent au fond des parcs. Elles grandissent souvent deux ou trois ans de plus que leurs congénères et sont alors ramassées pour *Table* : voilà les fameuses Utah Beach de fond de parc.

Extraire le jus d'un petit concombre, concasser des baies de genièvre puis froisser des feuilles de menthe. Infuser à froid quelques minutes. Mixer avec une cuillerée à soupe de lait et de saké. Filtrer. Placer le jus ainsi recueilli au congélateur pour obtenir un granité.

Ouvrir vos huîtres. Les plonger 3 minutes dans une eau de mer glacée. Les huîtres vont se raidir au froid et conserver leur eau.

Disposer une cuillerée à soupe de granité dans la coquille de chaque huître, puis la chair de l'huître.

Ormeau sauvage des Sept-Îles

L'ormeau « de l'une des Sept-Îles voisines du Trégor », vous n'en saurez pas davantage et moi non plus, se mérite plus que tout autre coquillage. Il faut la témérité d'un plongeur, son courage pour braver les forts ressacs d'hiver sur ces îlots lointains. L'ormeau sauvage est un trésor rare et bien caché. Sa coquille en témoigne. La beauté resplendissante de sa nacre est intérieure. Vu de l'extérieur, il ressemble à un vieux caillou oublié depuis longtemps, rivé à son rocher.

Si l'on vous conseille de le battre ou d'attendre la pleine lune, n'en faites rien. L'ormeau se cuit comme l'encornet ou la seiche : 20 secondes ou 20 heures ! Pour ma part, c'est 20 secondes.

Détailler votre ormeau en très fines lamelles. Chauffer du beurre pour l'obtenir noisette, y jeter les lamelles d'ormeau. Les faire sauter dans la poêle et servir sans attendre.

Chez *Table*, je l'accompagne au printemps de lamelles d'abricot cuites en même temps dans le beurre noisette, de poivre sauvage du Bénin et de quelques fèves de cacao crues. En automne, j'aime le marier aux cèpes.

Tempura ou l'art de cuire le vivant

L'art japonais de la tempura nécessite autant de connaissance et de pratique que celui du sashimi ou du sushi. Chez Sazenka, un restaurant situé dans le quartier de Minami-Azabu à Tokyo, je me souviens des petits poissons ayus. On les pêche dans les rivières d'eau douce glacée d'Hokkaido. Glissés vivants dans une préparation liquide et légère de farine de riz et d'eau gazeuse, ils sont frits dans l'élan de leur plongeon, figés pour quelques secondes d'éternité – le temps suspendu de les déguster.

Bien loin d'égaler ce gai savoir, je me suis approprié l'essence de la tempura. J'ai gardé ce qui faisait sens pour la pratique de ma cuisine. L'idée m'est venue d'utiliser cette pâte à tempura comme un condiment. De l'assortir d'un assaisonnement acidulé relevant les belles couleurs rouge et orangé d'un autre petit poisson remarquable, le rouget farfouilleur de l'île d'Yeu.

L'infusion de fleurs d'hibiscus (appelée carcadet ou bissap selon qu'on la déguste en Égypte ou au Sénégal) offre ce goût de jus de grosse cerise burlat, dense et acidulé en diable, et des teintes mêlant rouge et rose lumineux. Durant une nuit, je laisse les fleurs séchées d'hibiscus se réhydrater dans de l'eau filtrée, une infusion douce que je concentre en la chauffant, par simple réduction.

L'art de la tempura tient à la qualité du bain de nappage : une farine, un liquide. J'apprécie la farine de riz de Camargue, blanche, complète, ou celle issue de riz italiens violets artemide de la Tenuta La Mondina. Pour mes tempura, j'utilise une eau gazeuse très fraîche et une réduction d'hibiscus.

Lors de la friture à l'huile neutre à 175 °C, les chairs des légumes ou des poissons libèrent une vapeur. Pour les légumes, leur eau de végétation, pour les poissons, leurs sérosités. Cette vapeur reste prisonnière de la couche frite de tempura. Elle en préserve la texture moelleuse et les saveurs.

Orties de mer dites « anémones de mer » en tempura de safran

Sur l'île d'Yeu, dans une anse de la côte sauvage, les anémones de mer ondulent nonchalamment à quelques mètres de la plage. Un va-et-vient de doigts souples et fins, violines ou bruns, comme un appel à se « baigner dans ce poème de la mer » pour faire écho à l'esprit rimbaldien. J'aime nager dans cette baie peuplée de grandes laminaires brunes. Quant aux orties de mer, elles n'ont pas la douceur des laminaires… Les cueillir avec précaution pour ne pas ternir le plaisir de les manger.

Cette tempura nécessite des anémones vivantes, un peu de farine de riz, de l'eau gazeuse et du safran. Cuire à 175 °C dans une huile végétale. Déguster tiède pour connaître le goût de la mer.

Petits rougets farfouilleurs de la plage des Sapins à Yeu, en tempura d'hibiscus

Prendre des petits rougets de 70 g environ, tout frais pêchés. Les vider délicatement en leur ouvrant le ventre avec des ciseaux. Les écailler directement dans un bain d'eau de mer à 35 g de gros sel gris par litre d'eau fraîche.

À l'aide d'un couteau à effiler, lever les filets des rougets en partant de la tête et en glissant votre couteau le long des vertèbres en direction de la nageoire caudale. Veiller à ne pas séparer les filets au niveau de la queue.

Préparer au fouet une petite quantité de pâte à tempura en versant de l'eau gazeuse très fraîche sur quelques cuillerées à soupe de farine de riz. Lorsque la pâte offre la texture d'une crème épaisse, mêler quelques traits de réduction d'hibiscus. La pâte revêt alors une teinte de rose soutenu tirant vers le rouge cerise.

En les tenant par la queue, plonger vos rougets dans votre pâte à tempura. Veiller à ce qu'ils s'en habillent entièrement. Votre huile affiche 175 °C : vous pouvez y plonger les rougets. La durée de cuisson dépend de la taille du poisson. Lorsque la couleur de la tempura commence à se densifier, prélever prudemment un rouget pour tester le croustillant de la tempura. Est-elle bien dure ? Sèche-t-elle rapidement ? Si tel est le cas, elle est prête !

Assaisonner les tempura d'un peu de sel fin et de quelques gouttes de vinaigre japonais de prunes sauvages. Escorter d'un condiment à l'anguille fumée et piment sambal oelek.

À beurre chantant

L'art de la haute cuisine enseigne l'utilisation de tous les sens. L'ouïe figure en bonne place. Cuisiner à l'oreille : adage des chefs triplement étoilés ! Ainsi d'Eugénie Brazier, la Mère Brazier du col de la Luère à Pollionnay, qui fut la mère de toutes les mères lyonnaises. Ou encore de l'incomparable Alain Chapel à Mionnay et de l'inclassable Claude Peyrot du *Vivarois* à Paris, pour qui « les colères étaient des cris d'amour ».

Plus proche de moi, Alain Passard, d'*Arpège*, et Bernard Pacaud, de *L'Ambroisie*, dont les trois étoiles brillent depuis plus de trente ans à Paris. Ils savent conduire à l'oreille une cuisson exemplaire.

Dans la poêle, le beurre chante. Il débute en chuchotant son grand air d'amour, invitant les produits à le rejoindre. Le beurre est une Circé, poison à l'excès, délice à l'équilibre. Il charme sans faille et séduit les palais.

Qu'on y glisse une pomme de ris de veau, un filet de saint-pierre ou une grosse sole d'hiver et le beurre gazouille. Une température de cuisson idéale et le miracle s'accomplit. Les dorés naissent, les suaves et croustillants s'annoncent en des promesses dont on sait qu'elles seront tenues.

Grosse sole d'hiver de l'île d'Yeu

De mi-décembre à fin janvier, la pêche côtière à Yeu offre ces grosses soles de fond, lascives et épaisses, pesant plus de 2 kg. Des « grosses vaches », comme le disent affectueusement les pêcheurs. Pour *Table* et nos clients, elles sont juste parfaites.

Chauffer une poêle antiadhésive avec 6 cuillerées à soupe de beurre clarifié. Lorsque la poêle est bien chaude, faire rissoler le tronçon de sole sur les deux faces en le retournant une ou deux fois. Le beurre doit chanter haut et clair, voire fort ! La durée de cuisson est de plus ou moins 5 minutes.

Lever les filets de sole et les agrémenter de beurre demi-sel.

Chez *Table*, ils sont farcis de girolles ou de mousserons des prés, assaisonnés de poireau grillé et de jus de volaille.

Pomme de ris de veau du Limousin

Le ris de veau est le nom donné au thymus du veau. Il favorise l'absorption du lait chez les jeunes mammifères. En cuisine, il incarne tout le savoir-faire du chef. Son origine triviale, un simple abat, ne pouvait qu'engendrer un concours d'élégance. Alexandre Dumas lui confère l'exotisme des voyages. Ainsi soit-il : à l'espagnole, à l'anglaise, à la dauphine…

Se procurer tout d'abord chez un tripier des pommes de ris de grande qualité. Le mien, M. Vadorin, a pignon sur rue dans le XVe arrondissement de Paris, rue Lecourbe. Blanchir les ris à froid comme le préconisait

Frédy Girardet, chef à Crissier, en Suisse. Les plonger dans une eau rafraîchie de glaçons durant quinze bonnes minutes. Glisser les doigts sous les aponévroses de façon à les séparer délicatement de la chair des ris. S'aider d'un petit couteau d'office si nécessaire. Les ris doivent offrir la virginité du blanc. Pour cela, les laisser dans une eau fraîche que l'on renouvellera une ou deux fois pour bien les dégorger.

Les laisser ensuite reposer au sec, puis confier au réfrigérateur.

Rissoler vos pommes préalablement salées au sel fin à beurre chantant, jusqu'à les dorer parfaitement. Les retourner fréquemment. Râper un peu de bâton de réglisse et laisser reposer au chaud.

Chez *Table*, ce ris est accompagné d'une aubergine confite laquée de miso toasté et d'un jus court de viande ou d'une pomme de terre croustillante et confite nappée de crémeux de homard.

Saint-pierre sauvage des Sables-d'Olonne

Chauffer une poêle antiadhésive avec 4 cuillerées à soupe de beurre clarifié. Lorsque la poêle est bien chaude, faire rissoler le poisson, côté peau au contact de la poêle. Couper le feu et continuer la cuisson des filets immergés dans le beurre encore une minute. Le filet est cuit alors qu'il est encore un peu translucide à sa surface. Lors de la découpe, le filet de saint-pierre semble « éclairé de l'intérieur ».

Mixer une huître Utah Beach avec 3 cuillerées à soupe de lait et quelques feuilles d'oseille fraîche.

Chez *Table*, le saint-pierre de printemps s'accompagne d'une belle tranche de chou pointu grillé, assaisonné de ce condiment d'huître et d'un petit jardin mutin de plantes sauvages et halophiles. En automne, j'aime l'accorder avec des champignons sauvages des bois et du jus de volaille.

Rôtir

Betterave crapaudine de Vendel

À Vendel, en Ille-et-Vilaine, Annie Bertin produit des légumes aux goûts têtus et bretons. On la trouve à Rennes, les samedis, au marché des Lices. Parmi ses légumes de variétés anciennes, cultivés de façon sauvage, sans détours et sans labour, j'apprécie particulièrement les légumes racines. Dans ces terres halophiles et sévères, les racines plongent et s'adaptent au sous-sol autant que leur feuillu s'accorde aux intempéries. Prédisposée à la résilience, la betterave crapaudine offre la forme oblongue d'une quenouille. Elle se prête particulièrement bien à la cuisson « allongée » sur un divan de gros sel gris. Au four sec à

175 °C durant 40 minutes, puis encore 40 minutes, four coupé et porte fermée.

Chez *Table*, je la détaille en lamelles ou en tartare et la caresse de gras de seiche, de crème crue et de caviar osciètre impérial.

Encornet puntilla snacké

Nettoyer vos encornets. Les congeler au moins 24 heures (il en va de leur texture, laquelle sera alors moelleuse à souhait). Le jour J, les décongeler. Cuire vos piments/poivrons doux rouges 20 minutes au four à 170 °C. Ôter la peau et les graines puis mixer avec 50 g de framboises fraîches.

Préparer une eau de mer. Mettre du sel dans de l'eau et agiter le mélange pour le dissoudre. Déposer deux jaunes d'œufs dans cette eau de mer et les y laisser 2 heures.

Dans une eau frémissante acidulée de vinaigre blanc et infusée de feuilles de laurier, thym frais et sauge, pocher 5 minutes une demi-cervelle de veau.

Dans une poêle préalablement huilée avec une belle huile d'olive, cuire les têtes des encornets en les grillant bien. Griller de même les corps des encornets une à deux minutes.

Dresser dans des assiettes bien chaudes avec les encornets grillés, une cuillerée à soupe de cervelle, un trait de piment-framboise et de jaune d'œuf osmosé. Assaisonner d'huile de pimentón.

Lépiotes élevées dites « coulemelles des friches »

La coulemelle fait le pied de grue dans les champs en friche. Elle hisse son chapeau tout en haut sur son pied et sa virole joue l'ascenseur. Un champignon d'enfance, cette coulemelle, une ombrelle à faire surgir Mary Poppins.

Je la cuis tête en bas dans une poêle, apprivoisée de beurre fondant et de jus de volaille. Elle caramélise tout doucement, tout doucement…

Dans une autre poêle, je cuis un jaune d'œuf osmosé recto verso, avec science et délicatesse pour ne pas l'éventrer – un faux blini (sans farine) en quelque sorte, au cœur coulant. Déposer sur l'ombrelle rôtie et confite, le tour est joué.

Pigeon de La Guerche-de-Bretagne laqué comme un canard

Joël Poirier élève pigeons et pigeonneaux du côté de La Guerche-de-Bretagne, un petit village situé près de Moutiers. Le frère du chef Alain Passard y est curé. Les maisons à colombages, perchées sur des jambages de bois, imitent les colombiers. Ici, la tradition du pigeon ne dépare pas la carte postale. En cuisine, pour rôtir, les pigeonneaux de 500 à 600 grammes ont ma préférence. Je les loge en cocotte de fonte, avec foin et herbes aromatiques – genièvre, thym et sauge. Les voici mis au nid ! Je les cuis une dizaine de minutes au four, à 220 °C, en cocotte fermée. Leurs gras fondent et s'enfleurent du parfum des herbes. Je les dore ensuite au sautoir avec un mélange de beurre clarifié, de graisse de canard et de cette graisse parfumée recueillie dans la cocotte.

En novembre, nous apprécions rôtir sur le même principe les canettes colvert chassées dans la Meuse, suspendues par un lien noué à la façon d'un nœud shibari, *ryo tekubi*. Cet art du lien, tourné vers l'énergie, privilégie un mouvement pendulaire constant de l'oiseau au-dessus du fourneau.

Les canettes sont ensuite laquées de *mole poblano*, cette délicieuse pâte aromatique mexicaine faite de piments ancho ou mulato, de cacao, de tomatillos, de cacahuètes, de tortillas frites pilées, de cannelle et de bien d'autres ingrédients dont la liste exacte est souvent un secret de famille. À l'exemple des currys en Inde, il y a autant de *moles* que de familles au Mexique ! Une amie mexicaine me dit que je ne comprendrai jamais le *mole* car j'ai le défaut (rédhibitoire) de ne pas être mexicain. Caramba !

Mon *mole* à moi a aussi ses secrets. Tout d'abord, je prends des poivrons et, surtout, un grand cru de François Pralus, le chocolat porcelana. Ensuite, je procède à une réduction d'hibiscus, j'ajoute une huile chinoise de jeunes baies de poivre vert pressées, enrichie de notre beau jus d'ailerons de volailles.

Cette laque aux couleurs de palissandre nous rapproche de l'artisanat et rend hommage au travail des ébénistes du faubourg Saint-Antoine, situé à deux pas de notre rue de Prague.

Un soir de grande affluence, nous avions promis une canette colvert laquée à un chef italien, ami de surcroît. Son désir exprimé, je réalise qu'il n'y a plus de canette ! Alors la canette s'est muée en pigeon – un pigeon laqué comme un canard.

Turbot de ligne des côtes oyennes[1]

Je suis un turbot ! Voyez ce portrait photographique en noir et blanc me représentant avec un turbot de 12 kg. Bras tendu, je le tiens par la queue. De l'autre main, je l'enserre par les ouïes. On dirait que je m'apprête à l'embrasser, presque à le gober. Si je m'observe de près, qu'il s'agisse de ma bouche, mes yeux, et même cette petite bosse sur le nez, il y a du turbot en moi.

Chez *Table*, notre choix porte sur des poissons affichant entre 7 et 12 kg sur la balance de la criée des Sables-d'Olonne. Dès son arrivée au restaurant,

---

1. Nom des habitants de l'île d'Yeu, dite aussi Oya.

le turbot est baigné dans l'eau de mer et lavé avec soin. Nous le rôtissons entier, en gros ou demi-tronçons sur une grillade barreaudée ou sur une plaque à snacker. Sous lui, un papier sulfurisé peint d'huile d'olive en guise de récipient. Il s'agit de le « marquer », c'est-à-dire d'obtenir une coloration rapide. La peau grille et ne colle pas au support grâce au papier sulfurisé. Nous le laissons ensuite « tirer » au-dessus du fourneau, manière de continuer à le cuire par diffusion de la chaleur acquise lors du rôtissage.

Avant de dresser les assiettes, nous le passons au four en mode vapeur pour quelques minutes. Lors de sa découpe « sur l'os », paré d'arc-en-ciel, il nacre. La douceur du collagène offre une texture parfaite aux chairs. Je marie le collagène du poisson à ceux des champignons sylvestres et de l'ail noir. Cette alliance des soyeux enchante le palais des convives.

Faire suer des champignons sylvestres dans une poêle parée de quelques gouttes d'huile d'olive brûlante. Réduire le feu, ajouter quelques échalotes ciselées, une noix de beurre frais, un soupçon de vinaigre et un peu de jus de volaille. Mélanger avec une grosse cuillerée de condiment d'ail noir.

Volaille ancienne de La Ferme de la Ruchotte – Grand coq vierge de Barbezieux

À l'évocation de *La Ferme de la Ruchotte*, de l'ami Fred Ménager, surgissent des souvenirs d'enfance.

Comment ne pas revenir aux textes de Balzac, de Dumas ou de Daudet où les grands coqs vierges de Barbezieux coqueriquent, les poulardes de La Flèche ou du Mans, les jeunes gauloises dorées ou les fiers coucous de Rennes crételLent, les pintades cacabent et les canards kaki cancanent ?... Alors le renard débusqué trompette, tandis que les chiens clabaudent, que les porcs grouinent et que le bélier blatère. Cette zoophilharmonie brosse des paysages odoriférants de menthe pouliot froissée et de coprins chevelus, ces champignons blottis sous l'abri provisoire que leur offrent quelques touffes de flouve.

Évoquer *La Ferme de la Ruchotte* de Fred, c'est s'épancher sur la couleur et la saveur. Peindre le dissemblable, le vivant, l'éternel, l'unique. Aujourd'hui, son univers nourrit le mien, celui de ma cuisine et de mes créations, ouvertes aux produits rares, puisant dans cette énergie, cette beauté intrinsèque, inimitable et sauvage.

Le grand coq vierge de Barbezieux, célébré par Dumas dans sa préface au *Grand Dictionnaire de cuisine*, offre au gourmand un voyage dans le temps. Ce volatile, élevé seul, livre en ses chairs à la fois la délicatesse d'une poularde et le caractère d'un coq. Il ne s'en produisait plus depuis le milieu du XVIIIe siècle. Fred a renoué pour moi avec la tradition. C'était en 2013, pour la seconde vente aux enchères Finefood organisée chez Artcurial.

Cette volaille ancienne se cuisine en cocotte lutée – fermée soigneusement d'un ruban de pâte confectionnée d'eau et de farine. La masser d'huile de colza, de sel fin, de réduction d'agrumes et d'un peu de vinaigre de fleur de sureau. Parer l'intérieur de la cocotte d'aromatiques tels que thym sauvage, menthe fraîche, sauge… Cuire une heure à four sec à 200 °C. Laisser en cocotte lutée encore une à deux heures.

Chez *Table*, les suprêmes sont grillés sur peau et taillés en long. Escortés d'une belle carotte crayon pavée de fèves de cacao crues et d'un jus court de volaille. Les cuisses et gras de cuisses sont repris au jus et confiés à un oignon grillé ou à quelques champignons sauvages de saison.

Ananas bio du Bénin rôti en patience

L'ananas du Bénin rôti en patience à la broche est la première recette créée chez *Table*. Je rêvais de flamberges, ces luxueuses rôtissoires de La Cornue. Pour *Table*, j'en ai acquis deux et me suis lancé dans une grande série d'expérimentations légumières et fruitières. L'ananas s'est imposé. Le rôtir lui conférait les arômes d'un fruit maturé à l'égal d'une vendange tardive tout en lui conservant une texture crue, juteuse et fraîche.

Cuire votre ananas au four à 120 °C pendant 4 heures. Le peler et le servir en tranches découpées dans le sens de la longueur. Récupérer le jus d'ananas lors de sa découpe et l'infuser avec des épices : cannelle, anis étoilé… Filtrer. Émulsionner avec de l'huile d'olive. En arroser généreusement l'ananas. L'escorter d'une belle boule de glace vanille ou de brioche toastée.

Mont Fuji de courge d'Hokkaido

Parmi les *Trente-six vues du mont Fuji* d'Hokusai, l'une m'inspire par son rythme, son projet et ses couleurs. Elle représente des messagers à cheval, galopant à toute allure sur la digue blanchâtre et noueuse d'une rizière, près de la ville de Sekiya. Les lacets de cette butte, le trajet des samouraïs, la cabane de bambou du premier plan et le pin noueux du second plan n'ont qu'un objectif, conduire l'œil vers le lointain mont Fuji. Cadré par les branches tourmentées du pin, le mont semble s'emparer de l'ocre rouge de l'écorce. Son toupet blanc pointe vers le ciel bleu azur. Je connais un autre samouraï, une guerrière, disparue depuis peu : mon amie Agnès Varda. Avec Rosalie, sa fille, nous la surnommions affectueusement « Mont Fuji ». Sa coiffure coupée au bol présentait un sommet blanc comme la neige.

C'est en pensant à mon petit Mont Fuji que j'ai créé ce dessert d'automne. Elle était un bec sucré. JR, son complice de cinéma des dernières années, traversait Paris en tout sens pour lui rapporter les meilleurs gâteaux, qu'ils dégustaient ensuite tous deux dans la petite cuisine de la rue Daguerre, comme deux chats gourmands.

J'apprécie particulièrement la variété de courge d'Hokkaido pour sa peau vert bronze mat, sa chair jaune soleil et sa texture de châtaigne. Sa douceur naturelle invente pour le palais une forme de sucrosité. Elle est cuite à la peau au four durant 20 à 40 minutes selon sa taille. Les vermicelles de courge, obtenus au presse-purée, sont rassemblés avec délicatesse pour former un cône. Je l'assaisonne d'un simple jus d'agrume et de son zeste d'écorce et l'escorte d'un lait glacé d'amandes de variétés anciennes. Voici un dessert sans sucre et totalement vegan. L'amateur de mont-blanc ou de torche alsacienne au marron y trouvera son plaisir… et le moyen de conserver sa ligne !

Héritage

Gâteau de foies blonds de Renaison

Le gâteau de foies blonds a nourri, sans exception et avec bonheur, les dimanches de mon enfance. À Renaison, dans la Loire, on l'accompagnait « à la lyonnaise », c'est-à-dire avec un coulis de tomates maison, confectionné en fin d'été, cérémonieusement et en quantité.

Les dimanches fastes, on pouvait se partager quelques écrevisses braconnées dans la rivière, au bout du jardin.

Les foies blonds sont les foies stéatosés, gras, des pintades ou autres volailles.

Préchauffer le four à 150 °C (th. 5).

Laisser tremper 50 g de pain au levain et céréales anciennes, rassis, dans 250 g de lait cru chaud. Pendant ce temps, parer 200 g de foies blonds de volaille et les mixer avec 4 œufs et une gousse d'ail préalablement pelée et dégermée. Dans le bol mixeur, ajouter le lait chaud, le pain, 50 g de feuilles de persil plat, 5 g de sel, quelques tours de moulin de poivre, 5 g de noix de muscade et un peu de moelle tiède de bœuf ou de veau. Mixer à nouveau jusqu'à l'obtention d'une purée.

Graisser quatre ramequins avec du beurre fondu et les remplir avec la préparation aux foies de volaille. Verser un peu d'eau bouillante au fond d'un plat à gratin. Y placer les ramequins pour une cuisson au bain-marie. Enfourner et cuire 30 minutes.

Laisser refroidir dans les ramequins avant de démouler. Servir avec la sauce tomate. Chez *Table*, je les embarque pour l'île d'Yeu avec la royale de homard.

Levraut de Pithiviers à la royale, façon sénateur Aristide Couteaux

Inutile de vous rebattre les oreilles avec les querelles homériques autour du lièvre à la royale. Elles divisent tenants du « façon roulé », imaginé par Antonin Carême vers 1775 puis repris par Babinski au début du XXe siècle, et adeptes de la méthode plus récente du fameux sénateur Couteaux. Les deux sont à la gloire des grands classiques de la gastronomie française.

Chez *Table*, nous travaillons de jeunes levrauts de l'année, des femelles uniquement. On découpe soigneusement cuisses, épaules, cage thoracique et râble. Les organes tels que cœur, poumons, reins et foie, mais aussi le sang, sont conservés au frais. Dans une large cocotte de fonte, nous disposons harmonieusement les cuisses et les épaules. On les aura recouverts au préalable de lard de porc noir de Bigorre. Les cages thoraciques viennent en dernier dans la cocotte. Leurs os vont protéger la cuisson des viandes. La garniture aromatique consiste en baies de genièvre, baies de poivre sauvage du Bénin, gingembre, ail, échalotes grises, carotte, poireau, laurier, thym et sauge.

Nous aimons les vins de Bourgogne. Les levrauts aussi. On les enivre de chambertin ou de chambolle-musigny. Ils marinent quelques heures avant d'entreprendre la grande traversée d'une longue et douce cuisson à 80 °C – un voyage de quatorze heures.

La chair des levrauts se pare des couleurs rubis du vin. Moelleuse et tendre, elle s'effeuille sous nos doigts. Tous les os et organes du lièvre sont alors cuits doucement durant 3 à 4 heures. Le jus est filtré puis réduit jusqu'à l'obtention d'une belle consistance soyeuse.

La confection de la sauce royale demande doigté et précision. Pour ce faire, passer un peu de foie gras de canard au tamis fin, l'ajouter au jus réduit, modérément chaud. Compléter par un peu de sang de cochon, une cuillerée à soupe de *mole poblano* et une sauce gastrique aigre-douce faite de vinaigre blanc, d'agrumes et de miel. Cuire tout doucement pour que la sauce prenne une texture de crème anglaise épaisse. Filtrer au tamis et conserver au bain-marie.

Chez *Table*, ce levraut s'accompagne d'une courge spaghetti rôtie. Les filaments de la courge ont des airs de nouilles chinoises. Mêlés aux filaments de levraut, quel merveilleux trompe-bouche ! Le râble est grillé et présenté drapé dans une feuille de chou. Quelques groseilles en *pickles*, l'écoute de la *Marche pour la cérémonie des Turcs* de Lully… La fête royale peut débuter.

Merlu de ligne de Saint-Gilles-Croix-de-Vie

Je me méfie des habitudes, je leur préfère les rites. Chaque 14 juillet, près d'Arles, avec mon ami et confrère Armand Arnal, je cuisine dans son restaurant *La Chassagnette*, au Sambuc. De nombreux clients de *Table* me font l'amitié d'être présents, Maja Hoffmann, propriétaire des lieux et créatrice de la fondation Luma à Arles, ne manque pas ce rendez-vous. J'adore ce prélude aux vacances.

Armand et moi concevons notre menu dégustation dans l'osmose des enthousiastes. Les produits exceptionnels de la Méditerranée et de la Camargue conduisent mains et pensées. J'aime frotter mes idées au sel de la Camargue, revigorées par l'air salin.

Armand Arnal travaille le merlu de Méditerranée. La pose d'une couche de gros sel durant une dizaine de minutes affermit et sèche légèrement la chair délicate de ce poisson. La chair est ensuite grattée à la fourchette pour la débarrasser du sel. Armand obtient ainsi une texture de langoustine crue et l'accommode de tomates et eau de tomates, assaisonnées d'huile d'olive. Nul besoin de sel bien sûr !

Chez *Table*, on rend un hommage à cette pratique avec l'arrivée des beaux merlus de Saint-Gilles-Croix-de-Vie. Escortés de plantes sauvages de bord de mer, ils deviennent un élégant tartare. L'huile de feuilles de figuier, associée au vinaigre de riz et au piment sambal oelek, finit de l'envoûter.

Paris-prague

Jacques Genin, l'incomparable pâtissier de la rue de Turenne à Paris, confectionne une pâte à choux iconoclaste. La fameuse « pâte à chaud », celle qui cuit deux fois. Avec elle, il montre avec brio que l'inventivité n'a pas dit son dernier mot du côté des classiques.

Pâte à choux

Pour cette pâte à choux, il vous faudra : 500 g de lait entier, 500 g d'eau, 400 g de beurre cru, 30 g de sucre, 10 g de sel, 600 g de farine et 900 g d'œufs entiers. Procéder comme pour une pâte à chou classique, en incorporant les œufs en une seule fois. Monter à l'aide d'une poche à douille les cercles de votre paris-prague, parsemer de pistaches et congeler avant cuisson : c'est *la* condition pour l'obtention d'un chou parfait.

Crème pâtissière de betterave

Mélanger au fouet 130 g de jaunes d'œufs avec 150 g de sucre. Ajouter 120 g de farine de maïs, 500 g de jus de betterave rouge, 375 g de lait et 125 g de crème fleurette. Cuire à feu doux pour obtenir une belle crème pâtissière. Refroidir au réfrigérateur.

Garnir de crème pâtissière une poche à douille. Monter le paris-prague à la minute… et généreusement !

Tarte aux pralines roses selon la recette d'Henry Cornil pour Alain Chapel

François Pralus, chocolatier de la Loire, à Roanne, perpétue la confection et la tradition des pralines roses. Dans une bassine de cuivre rotative, ces petites amandes s'enrobent de sucre rose et croquant. Son père, Auguste, inventeur de la Praluline, une inimitable brioche aux pralines roses, les rendit célèbres. Elle garde à tout jamais le goût de mon enfance.

Avec les pralines de François, je rends hommage chez *Table* au chef Alain Chapel et à sa « tarte aux pralines roses selon la recette d'Henry Cornil ».

Dans son ouvrage *La cuisine, c'est beaucoup plus que des recettes*, Alain Chapel offre une version très énigmatique de la recette : « Cuire une pâte sucrée à blanc et ajouter tant pout tant de crème et de pralines. » Un flou qui rend impossible sa réalisation…

Mon ami Fred Ménager, collaborateur d'Alain Chapel dans les années 1980, a pu constater l'obstination que j'ai mise à refaire à l'identique cette tarte aux pralines roses. Devant mon insuccès, il m'en a gentiment livré le secret. Aujourd'hui, Fred élève des volailles de variétés anciennes. Il est aussi le chef de sa ferme-auberge de la Ruchotte.

Ce secret s'accompagne d'une sérieuse contrepartie : ne rien révéler ! Inutile d'insister, vous n'aurez pas la recette… Vous gagnez en revanche une étonnante histoire.

Un beau matin, Christophe Cornil, petit-fils d'Henry Cornil, m'appelle : « Je travaille à la reconstitution du carnet de recettes de la cuisinière de mon grand-père, un recueil aujourd'hui disparu. J'ai vu que la tarte aux pralines était à la carte de votre restaurant. Pourriez-vous m'en décrire la recette et votre façon de procéder ? » Je lui explique la recette, lui demande qui était son grand-père et enquête sur l'origine de cette tarte.

Son grand-père, riche homme d'affaires de la région lyonnaise, aimait avant tout la haute cuisine. Il fréquentait uniquement les trois étoiles. En homme de goût, Alain Chapel avait sa préférence. Assez proche du chef, Henry Cornil s'autorisait quelques conseils et remarques. Si bien qu'un jour, il demande à Chapel pourquoi il ne propose pas de tarte aux pralines. Et Chapel de répondre : « C'est quoi, une tarte aux pralines ? » Cornil : « Ah ! vous ne connaissez pas ? Ma cuisinière nous en prépare tous les week-ends. Je vous en porte une dès demain. » Chapel déguste la tarte, la trouve formidable et l'inscrit aussitôt à sa carte des desserts.

Me vient alors cette question : « Mais qui donc était la cuisinière de votre grand-père ? Et d'où tenait-elle cette recette devenue la signature de toute la région lyonnaise ? – Une cuisinière espagnole… La recette lui venait de sa famille, en Cantabrie. »

La tarte aux pralines, dessert phare de la région lyonnaise, l'une des régions les plus prestigieuses de la gastronomie française, serait donc d'origine espagnole ! Voilà qui est fort, non ?

La Cantabrie ? Une minuscule province située dans le nord de l'Espagne, entre Pays basque et Asturies. Cette « petite Suisse » de bord de mer offre à ses vaches laitières, les tudancas, de vertes et riches prairies. On y confectionne le plus modeste des desserts, mais aussi l'un des plus savoureux : la tarte au sucre. Une crème fraîche du jour, du sucre et un fond de tarte cuit à blanc. Comme à Roanne.

Arrivée à Lyon, la cuisinière d'Henry Cornil découvre les pralines lyonnaises. Plus amusantes que le simple sucre, elles donnent naissance à la fameuse tarte aux pralines.

Chez *Table*, cette tarte aux pralines trouve son équilibre dans la fraîcheur lactique d'une crème normande du jour. Elle s'accompagne d'une crème glacée à l'oseille. Mais surtout, elle signe le souvenir d'une amitié.

Tarte au miel d'oranger de Kalamata, dans l'esprit de la tarte aux pralines roses

Éclairé par cette recette de tarte aux pralines roses, j'ai imaginé une tarte laquée de miel. Pour un caramel tendre, cuire 200 g de crème crue très fraîche et 180 g de miel pur. J'apprécie celui de mon ami Alexandros Rallis, dit le Grec. Ce miel provient de Kalamata, ville du sud du Péloponnèse, au fond du merveilleux golfe de Messénie. Selon les saisons, les abeilles y butinent oliviers, citrus, orangers, châtaigniers et autres plantes mellifères qui donnent un miel d'une grande pureté.

Nous servons cette tarte au printemps. Elle s'accompagne d'une crème glacée aux pousses d'oseille et se pare de belles fleurs de primevère. Cette tarte, je l'appelle parfois « laque de miel » car sa splendide surface ambrée, joliment laquée, a la sérénité d'un lac printanier.

Beaux produits pour une belle cuisine

Chanterelles, lactaires délicieux et autres champignons des bois normands

Dès la mi-octobre, en fin de soirée, *Table* s'emplit d'un parfum boisé et frais, celui de mousses de chêne et de champignons. Le « Gitan »[1] nous livre sa cueillette du jour, glanée dans les bois du Perche.

Râper finement du parmesan et de la noix de muscade. Faire bouillir de la crème liquide. La mixer avec le parmesan et la muscade râpés. Doser pour obtenir un mélange crémeux. Bien poivrer.

Cuire prestement les champignons au sautoir avec quelques gouttes d'huile d'olive et un peu de sel fin. Ajouter une cuillerée à soupe de vinaigre de riz, une grosse noix de beurre et l'équivalent d'une échalote hachée. Pour finir, compléter par deux cuillerées de jus de volaille et laisser reposer quelques minutes.

Dans l'assiette de service, déposer l'équivalent d'une grosse cuillerée de crème de parmesan, les champignons et le jaune d'œuf osmosé à l'eau de mer. Assaisonner de fèves de cacao crues et de poivre.

Grand navet noir du Pardailhan

Cultivé exclusivement sur le plateau du Pardailhan, entre Saint-Chinian et Saint-Pons-de-Thomières dans l'Hérault, ce grand navet noir aux allures sombres porte en son cœur l'immaculé bonheur. J'aime le frotter à la paille de fer pour le ramener à la lumière. Surgissent alors les verts tendres du collet et les gris. Subsistent quelques noirs qui brodent sur les blancs.

1. Surnom de mon cueilleur de champignons sauvages.

Lignes de force, ondes de choc, ce grand navet du Pardailhan est un tableau de Gerhard Richter.

Le tailler en esquilles et le cuire au sautoir avec un peu d'eau gazeuse, de beurre cru et d'huile d'olive. Je l'aime tendre et fondant. Chez *Table*, on l'assaisonne d'un œuf osmosé à l'eau de mer et de cendres de poireau. Rien ne s'oppose à ce qu'on lui ajoute quelques lamelles de truffe en saison !

Oursins vivants de Norvège

Voilà quelques années, chaque vendredi en fin de matinée, je recevais une glacière d'oursins vivants. Livrés par l'un des cinq pêcheurs autorisés, tout frais pêchés du matin dans la réserve naturelle de Port-Cros. Ce pêcheur venait passer le week-end à Paris retrouver son amoureuse. Il avait connu *Table* par la presse et arrivait à Paris en gare de Lyon par le TGV. *Table* se trouvait sur le trajet pour rejoindre sa fiancée. Elle n'aimait pas les oursins. Mais un jour, les oursins, et sans doute l'amour, s'en sont allés… ou bien elle s'est mise à les aimer.

En saison, j'apprécie les oursins de Bretagne ou de Galice. Mais ceux de Norvège ont mes faveurs.

Ouvrir les oursins avec des ciseaux. En prélever délicatement les gonades. Cuire au sautoir blancs et verts de poireaux une fois découpés en fines lanières. Les laisser fondre au beurre à feu moyen. Monter un beurre blanc avec un bon vinaigre de vin blanc ou un vinaigre de riz.

Bien nettoyer la coquille de chaque oursin. Y déposer deux bonnes cuillerées à soupe de fondue de poireau, une cuillerée à soupe de beurre blanc, quelques éclats de noisette toastée et les langues de trois oursins.

Petits pois de variété ancienne Lincoln

Cette larme verte, plus ténue qu'une goutte de rosée, nous ramène à l'essentiel : la haute qualité du produit. Cultivée du côté de Sénas, notamment pour *Table*, cette variété ancienne, issue du Lincolnshire, est inscrite en France depuis 1903 au Catalogue des semences autorisées à la commercialisation. Les petits pois débarquent sans préavis vers la mi-mai pour disparaître presque aussitôt. En deux semaines, la ressource est épuisée.

Pour vous représenter la taille de ces pois, sachez qu'il faut écosser un kilo de gousses pour obtenir la portion d'une seule personne ! C'est ce que nous faisons, pour la joie de quelques convives, juste avant les services.

Dans un sautoir à feu doux, laisser fondre une belle noix de beurre cru demi-sel. Verser la portion de petits pois, quelques gouttes d'eau gazeuse, autant de grains de sel. D'un habile roulement de sautoir, les petits pois s'enrobent alors de beurre et se tiédissent. Ils sont prêts. En hommage à mon cher ami Alain Passard, le chef triplement étoilé de *L'Arpège* à Paris, il m'arrive de les assaisonner de minuscules segments de pamplemousse. Je les apprécie nature, juste aiguisés d'une résille d'angélique ou de menthe sauvage et de quelques gouttes de réduction d'agrumes.

Poireau monstrueux de Carentan, feuilleté

J'adore cet énorme poireau de variété ancienne, inscrit au Catalogue en 1874. Son fût peut atteindre 8 cm de diamètre. Il s'offre naturellement en feuilletage.

Pour une entrée ou une garniture, compter un gros poireau pour deux convives. Le sectionner au niveau de ses racines et au début du vert des feuilles. Découper le poireau en long, pour l'effeuiller. Détailler votre lard en fines tranches. En envelopper le cœur du poireau – la partie qui en constitue le centre. Recouvrir d'une feuille de poireau et envelopper de nouveau d'une fine tranche de lard. Renouveler l'opération jusqu'à reconstituer entièrement le poireau. Terminer par une feuille de poireau et ficeler comme un rôti.

Cuire au four mixte (vapeur et sec) 30 minutes à 150 °C dans un fond de bouillon de jus de viande et de macis. Ôter les ficelles et découper, assortir d'un peu de bouillon de cuisson. Chez *Table*, j'aime le parer de palourdes presque crues et de moelle tiède.

Riz bombita de l'Albufera au lait cru et au cédrat fumé de Valencia

En Espagne, au sud de Valencia, l'Albufera défend son étroit territoire entre mer et lagune. En octobre, la Méditerranée jette ses vagues tièdes à la reconquête des plages dépeuplées. Seuls quelques oiseaux de mer surveillent d'un œil inquisiteur des feux de paille de riz qui embrument et parfument le littoral. David, notre producteur d'huile d'olive de la Finca Saborita – proche de la montagne de Teruel –, héberge du riz bio le temps de son séchage.

Quant à mon ami Vicente Todolí, le célèbre curateur d'art, il y produit les plus beaux agrumes cultivés en plein air de toute l'Europe.

Qu'il est doux de réunir ces paysages amicaux et de les offrir en dessert !

Faire bouillir 1 000 g de lait cru avec 500 g de crème fleurette. À ébullition, y jeter 300 g de riz bombita et 250 mg de safran. Cuire à feu très doux une heure environ. Hors du feu, ajouter 200 g de sucre bio et les zestes de 3 gros citrons – ou 200 g de fines lamelles d'un gros cédrat préalablement fumé, idéalement au feu de bois d'agrumes ou de paille de riz. Ajouter 200 g de crème fleurette pour décuire le riz, mélanger délicatement puis réserver au frais.

Chez *Table*, on propose ce riz accompagné d'une crème glacée au citron confit.

Chocolat grand cru porcelana de François Pralus, crème anglaise au piment gochujang

« Neuf personnes sur dix aiment le chocolat ; la dixième ment. » Cette fameuse maxime de l'illustrateur John G. Tullius s'accorde parfaitement avec ma pensée, à l'exception près qu'à moi seul, j'incarne les neuf. Le porcelana, ce rare chocolat du lac Maracaibo au Venezuela, fait partie de mes favoris avec certains chocolats sauvages du Pérou et d'autres, encore plus menacés et rares, d'Amazonie.

Mousse au chocolat porcelana

Monter doucement 450 g de crème liquide au batteur électrique. La bonne consistance est celle d'une crème fouettée. Elle se situe juste avant celle d'une chantilly. Réserver au réfrigérateur. Porter à ébullition 150 g de crème liquide. La verser bouillante sur 250 g de chocolat noir haché au couteau. Amalgamer consciencieusement à l'aide d'un fouet pour obtenir une ganache onctueuse et lisse. Ajouter la moitié de la crème fouettée à la ganache. Mélanger délicatement pour la détendre. Incorporer le restant de la crème afin d'obtenir un mélange homogène et lisse. Réserver au réfrigérateur pendant deux heures au moins.

Crème anglaise au piment gochujang

Pour la crème anglaise infusée au piment gochujang, il suffit de mélanger délicatement 20 g de pâte de gochujang à un quart de litre de crème anglaise.

Former une belle quenelle de mousse au chocolat dans chaque assiette. Déposer tout autour 3 à 4 cuillerées à soupe de crème anglaise au piment.

Figues du pépiniériste Pierre Baud à Vaison-la-Romaine

Le pépiniériste Pierre Baud propose à la vente une collection de plus de 300 variétés de figuiers. Voilà bien longtemps, les figues issues de ses arbres n'étant pas cultivées pour être commercialisées, je l'ai convaincu de me céder quelques fruits. Elles poussent à l'état natif. La dalmatie, la panachée, la sucrette ou la marseillaise : des noms qui promettent voyages et saveurs... On reçoit ces offrandes du soleil dès la mi-septembre. Elles sont pochées sous vide dans un jus d'agrumes et de feuilles de figuier.

Je les dispose sur un délicat gâteau d'amandes, appelé pastel ruso, que j'ai découvert à Santander, chez Bodega Cigaleña. Je les marie avec un lait glacé de feuilles de figuier qui évoquent l'ombre envoûtante de ce bel arbre un soir d'été.

Pour la crème d'amandes

Cuire en fouettant 260 g de lait entier, 100 g de sucre, 4 jaunes d'œufs et 30 g de farine de maïs bio. Lorsque la crème est cuite, incorporer 200 g de beurre demi-sel et 120 g d'amandes toastées, moulues grossièrement.

Recouvrir la pâte de pastel ruso de cette crème d'amandes (la moitié de la préparation doit suffire) et la plier en deux. Réserver au frais.

Mandarine mikan confite trois jours et trois nuits

La mandarine mikan nous arrive vers la fin décembre. Une fête avant l'heure ! Elle provient du travail merveilleux des Bachès, fondateurs des pépinières spécialisées dans les agrumes rares du côté d'Eus, près de Perpignan. J'ai conçu ce dessert comme un conte oriental, offrant à cette mandarine non mille et une nuits, mais trois jours et trois nuits à confire au four.

Mandarines confites

Cuire les mandarines entières au four à 83 °C pendant trois jours et trois nuits dans un sirop tant pour tant de sucre bio et d'eau infusée de safran, miel, poivre maniguette et cannelle. Récupérer le jus. Le cuire en caramel. Le décuire au beurre demi-sel et au lait pour obtenir un caramel soyeux et assez liquide.

Crème d'agrumes

10 g de sucre blanc, 20 g de zestes d'agrumes, 250 g de jus d'agrumes (différents agrumes pressés pour obtenir un équilibre entre amertume et belle acidité), 6 jaunes d'œufs et 5 œufs entiers, 200 g de beurre doux en pommade.

Cuire au bain-marie les œufs battus avec sucre, zestes et jus d'agrumes jusqu'à l'obtention d'une texture très crémeuse, à l'égal d'une crème pâtissière. Passer au chinois cette crème tiède. Incorporer le beurre pommade à l'aide d'un fouet. Réserver au froid dans un bac.

Remplir délicatement la mandarine avec la crème d'agrumes.

Prendre l'équivalent d'une cuillerée à soupe de caramel d'agrumes et former un cercle. Déposer la mandarine au centre. Accompagner d'une crème glacée au citron et gingembre confit.

Les fraîcheurs glacées : crèmes glacées, laits glacés et granités

Je porte un regard d'enfant sur le monde. Cet appétit d'apprendre et de tout dévorer m'a toujours habité. Les glaces ont le pouvoir, le temps de leur dégustation, de nous faire croire à l'éternité de l'enfance.

Crème anglaise pour glaces

J'aime particulièrement mélanger des vanilles de provenances variées. Mon amie Laurence Cailler, d'Authentic Products, propose plus de dix vanilles différentes. La vanille dite « gousse fendue » de Madagascar, la vanille de Grande Comore et la vanille de Tahiti sont mes favorites. Elles forment un blend idéal.

Faire bouillir 3 l de lait cru. Après ébullition, vérifier qu'il n'a pas tourné. Glisser alors 6 gousses de vanille fendues et grattées. Laisser pocher le lait avec les vanilles. À l'aide d'un fouet à pâtisserie, battre 36 jaunes d'œufs avec 300 g de sucre jusqu'à obtention d'un mélange très crémeux, à l'égal d'une mayonnaise.

Refaire bouillir le lait. En verser 1/3 dans l'appareil sucre et jaunes d'œufs. Bien mélanger puis ajouter au lait restant dans la casserole. À l'aide d'une maryse, vanner 5 minutes sans répit. Votre crème va cuire en cuisson descendante, très doucement... De cette façon, aucun risque de la rater.

Cette préparation vous offre aussi la possibilité d'une très belle crème glacée à la vanille !

Crèmes glacées à la brioche

Toaster recto verso deux tranches de brioche. Les émietter dans 500 g de crème anglaise. Mixer et turbiner.

Crème glacée aux carottes de Tilques, orange et safran

Mixer 500 g de crème anglaise avec 200 g de mousseline de carottes de Tilques, orange et safran. Turbiner.

Crème glacée à l'oseille/coriandre/cerfeuil/persil/oxalis

Mixer 500 g de crème anglaise avec les feuilles lavées et séchées de deux bottes d'oseille fraîche ou autres herbes citées. Turbiner.

Crème glacée à la rose et à l'hibiscus, hommage à Ingrid Astier

Mixer 500 g de crème anglaise avec 6 cuillerées à soupe de réduction d'hibiscus et 4 cuillerées à soupe de sirop de rose. Turbiner.

Lait glacé aux feuilles de figuier

Infuser 6 feuilles de figuier entières dans 1 l de lait cru à 70 °C pendant 30 minutes. Égoutter les feuilles naturellement, sans les presser. Doser 100 g de miel par litre. Mixer avec 4 feuilles d'oseille fraîche et turbiner.

Lait glacé au lait de poule

Boisson adorée de Flaubert et de Marguerite Yourcenar qui en appréciait particulièrement la version « eggnog », avec beaucoup de rhum…

Le lait de poule de mon enfance, pour escorter un dessert au maïs :

À l'aide d'un fouet à pâtisserie, battre 10 jaunes d'œufs avec 120 g de sucre roux jusqu'à obtention d'un mélange très crémeux, à l'égal d'une mayonnaise. Tiédir 1 l de lait cru avec une gousse de vanille fendue puis grattée et un bâton de cannelle cassia. Râper un peu de noix de muscade. Laisser pocher quelques minutes. Verser le lait chaud dans la préparation œufs et sucre battus. Refroidir et turbiner.

Lait glacé à la menthe sauvage aquatique

Infuser 200 g de feuilles de menthe sauvage dans 1 l de lait cru à 70 °C pendant 60 minutes. Filtrer. Doser 100 g de miel par litre. Mixer avec 1 botte d'oseille fraîche et turbiner.

Lait glacé au thé au jasmin de maître Tseng

Infuser à froid 50 g de thé pour 1 l de lait cru durant 24 heures. Doser 100 g de miel par litre. Turbiner.

Granité aux concombres de variétés anciennes, citron vert et melon vert

Mixer la pulpe des concombres (en gardant un peu de peau) avec celle du melon. Ajouter le jus et les zestes de 2 citrons verts. Laisser graniter au congélateur en grattant régulièrement à l'aide d'une fourchette.

Granité à la pastèque et au piment rouge « piment soie » de Gaziantep (Turquie)

Mixer la pulpe de la pastèque avec le piment. Ajouter quelques gouttes de vinaigre blanc et une pincée de sel. Laisser graniter au congélateur en grattant régulièrement à l'aide d'une fourchette.

Une moisson de remerciements à…

Anna Pavlowitch, pour sa foi en ce livre, sa bienveillance et ses enthousiasmes gourmands.

Charlotte Gallimard, qui sait que la patience et la persévérance sont les vertus de l'édition comme de la cuisine !

Ronite Tubiana, qui aime les mots comme les mets.

Pour Nadette et Olivier Baussan et leur formidable amitié.

L'équipe de *Table*. Sans équipe, pas de chef. Vous êtes la vraie recette d'une aventure réussie : Aurélien, Giuseppe, Hyeyeon, Jane, Julien, Litou, Marine, Mohan, Sigurd.

Nos clients. La cuisine naît de leur désir.

Nos artisans. Sans vous et vos produits de belle qualité, *Table* serait un chef d'orchestre sans musiciens.

Mes amis, une fête pour l'esprit.

Paloma Castro, sa bienveillance et ses fulgurances.

Morse Astier, son indéfectible soutien, son œil de lynx et son jardin qui, chaque année, finit à *Table* !

Ingrid Astier, en droite ligne. La vie et ses énergies.

Cet ouvrage a été mis en pages par

<pixellence>

Achevé d'imprimer en juillet 2021
par Normandie Roto Impression s.a.s.
61250 Lonrai
N° d'impression : 2103786
N° d'édition : L.01EPMN001245.A002
Dépôt légal : mai 2021

Imprimé en France